【第3版】

変動社会と子どもの発達

教育社会学入門

住田正樹
高島秀樹 編著

北樹出版

第3版まえがき

　前回の改訂からすでに5年が経ちます。この間にもさまざまな変化が起こりましたが、中でも新型コロナウイルス感染症の蔓延は人々の生活を一変させました。子どもを取り巻く環境も急激に変化しました。一斉休校や在宅授業、オンライン授業、部活動や地域活動の制限、家庭外行動の制限、生活リズムの乱れ、親の不安感の増幅や家庭内葛藤などです。

　今回の改訂では、こうした社会の変化をも考慮しつつ手直しを進めていきました。まさにタイトル通りの「変動社会と子どもの発達」というわけです。しかし、子どもの生活に及ぼす影響といっても、あまり影響を受けない領域ももちろんあります。

　本書の特徴は、教育社会学や発達社会学を学ぶ人々にとって必要な基礎知識を得られるように具体的な、基礎的な資料を踏まえて分かりやすく説明しているところにありますので、資料も改訂の都度に最新のデータに改めてきましたが、領域によっては最新のデータが揃っていないところもあります。このような領域は従来のデータをそのまま使用せざるをえませんが、しかし、そのことは逆に言えば、その領域においては取り立てての大きな変化はなかったということでもあります。

　本書は、分かりやすく解説した教育社会学・発達社会学の入門書として、多くの方々から好意的な評価をいただきました。この第3版も多くの方々に読んでいただいて、さらに深く教育社会学や発達社会学を学んでいくきっかけにしていただければと思っています。

2023年4月

住 田 　正 樹
高 島 　秀 樹

初版まえがき

　本書は、前著『子どもの発達社会学——教育社会学入門』を改訂したものです。前著を刊行してからすでに5年経ちましたので、最新の資料に改め、関連箇所を書き改めるとともに、この5年間の講義でのテキスト使用の経験を生かして、そしてまた執筆者相互の意見を取り入れて、さらにわかりやすいように改稿しました。

　本書は、大学・短期大学の教養課程や専門課程、また教職課程の講義を念頭においた「教育社会学」の入門的なテキストです。しかし幼稚園・小学校・中学校・高等学校の先生方や社会教育関係者の方々、教育行政関係の方々、さらには保護者の方々や教育問題に関心をもっている市民の方々にも、現代の教育問題や子どもの問題を理解するための参考になるように配慮しています。

　教育社会学は、経験的事実としての、あらゆる教育現象、教育問題を社会学的に研究するという非常に対象領域の広い学問です。家庭教育や幼児教育、学校教育、それも初等教育から高等教育までをも含むすべての学校教育を対象とし、またそうした学校教育における教育内容や方法、学校教育組織における経営や文化・規範、教師と児童生徒の人間関係、児童生徒指導、さらに人材養成や職業教育、マス・コミュニケーションや大衆文化、教育計画や教育政策、学歴や社会階層、教員養成制度や選抜制度、学校外教育や健全育成活動、そしてまた青年教育、婦人教育、生涯学習といった社会教育の領域までをも対象としますし、また非行、自殺、薬物などの逸脱行動やいじめ、児童虐待などの病理現象をも対象にします。さらに最近の差し迫った問題になっている教育格差や子どもの貧困、ネットいじめなども研究の対象になります。

　ですから教育社会学の対象領域といってもあまりにも多様で、一口には言えません。そこで清水義弘教授は教育社会学の対象領域と課題を見出すために一定の基準によって整序された体系を考えました（「教育社会学の構造」1954,『清水義弘著作選集第1巻』1978, 第一法規所収）。教育体制の社会学、教育慣行の社会学、

教育過程の社会学、教育変動の社会学です。それぞれの領域の課題を概略的に述べると以下のようです。

「教育体制の社会学」は、社会のしくみと体制に応ずる教育のしくみと体制を明らかにする領域。一国の教育政策や文教政策の決定過程、教育諸制度の形態・機構・社会的機能・効果、さらには教育体制的諸問題と社会諸集団やその諸機能との連関の究明。

「教育慣行の社会学」は、特定集団における集団的教育活動の形式を明らかにする領域。集団的教育活動の形態・組織編成・教育内容およびその社会的条件や効果、家族・仲間集団・近隣集団などの第一次集団や職業集団・文化団体・宗教集団などの第二次集団における教育活動、とりわけ専門的教育機関としての学校社会の分析。

「教育過程の社会学」は、教育における人間関係（教育関係）を基本的なテーマとする領域。コミュニケーションを通してのパーソナリティ形成の過程、個人の発達を促進または阻害する社会的要因や行動変容のための教育技術の分析。

「教育変動の社会学」は、教育体制・慣行・過程のそれぞれの変動および総体としての教育構造の変動の要因・様式・効果などを明らかにする領域。

しかし、こうした課題をすべて一度に扱うことはできません。そこで私たちは日常生活のなかで経験される身近な、具体的な問題として、子どもの発達過程に焦点を絞って考察することにしました。子どもの問題、あるいは子どもの発達にかかわる問題は何よりも教育の中心課題であり、また中心課題であるべきだからです。教育は何よりも次代をになう子どものための活動であり、子どものための活動でなければなりません。

本書は、こうした考えに従って子どもの発達過程に焦点を合わせ、子どもの発達過程を規定するさまざまな社会的条件、文化的条件について考察していったものです。生物学的個体（individual）として生まれてきた人間がどのような過程を辿りつつ社会的存在としての人（personality）、すなわち社会的人間にな

っていくのかという形成過程を考えてみようというわけです。ですから上記の領域で言えば、パーソナリティ形成の過程である「教育過程の社会学」およびその過程を現実化する具体的集団を問題とする「教育慣行の社会学」になります。

そして今、社会は急激な変動過程にあり、それに伴って子どもの発達過程を規定する社会的・文化的環境も大きく変貌してきています。そこで本書のタイトルを「変動社会と子どもの発達」としました。

しかし社会の変化にかかわらず、子どもの発達の基本的な過程は変わることはありません。子どもは誕生と同時に一定の順序にしたがって構造と機能を異にするさまざまな社会集団に所属しつつ、それぞれの集団過程、つまり集団内の相互作用過程の方向と性質によって形成されていきます。そのために本書では、大きく基礎編と応用編に分け、子どもの発達過程に関わる基礎的知識の習得を目的に、まず（Ⅰ）子どもの発達過程に関する基本的な考え方について述べ、次いで（Ⅱ）子どもの発達過程と社会集団との基本的問題について論じ、その上で今日の子どもの発達を巡る問題状況の理解を目的に、（Ⅲ）子どもの発達をめぐる現代的状況と（Ⅳ）現代の子どもの問題行動について論じるという4部構成をとることにしました。

本書は「教育社会学」の入門的なテキストですので、教育社会学を学ぶ人たちが自学しても十分に理解できるように平易に書かれています。本書を読んで多くの方々が子どもの発達を巡るさまざまな問題や、また広く教育問題に関心をもち、さらに深く教育社会学を学んでいくきっかけになればと思っています。

今回もまた北樹出版にお世話になりました。編集部の福田千晶さんには実に細やかに配慮していただきました。深く感謝するしだいです。

2015年6月

住　田　正　樹

高　島　秀　樹

目　　次

■■ 第Ⅳ部　現代の子どもの問題行動 ■■

子どもの発達への
社会学的アプローチ

Chapter 1 子どもの発達と社会化

第1節　人間の発達と社会

1. 発達と社会

　人間は社会のなかでのみ人間として発達する。人間は生物学的個体(individual)として生まれ、生まれた後に社会の文化を学習することによって人間(personality)となる。人間が人間として発達していくためには社会の存在が不可欠である。もし社会がなかったら人間はどうなるだろうか。

（1）アヴェロンの野生児「ヴィクトール」

　1799年フランスのアヴェロンの森で11・12歳くらいと推定される少年が発見された（図1-1）。素裸で、うす汚れ、身体中傷だらけだった。少年はうなり声や叫び声をあげるだけで、絶えず体をあちこちと動かし、粗暴で、噛みついたり引っ掻いたりした。少年はパリに移送され、人々の好奇の目に晒されたが、まもなく聾唖学校に入れられ、当時著名な精神科医であったピネル（Pinel, P.）の診察を受けることになった。

　少年の感覚機能は不活発で動物と同じ程度、もしくはそれ以下であり、眼は落ち着きも表情もなく、何かを注視することがなかった。聴覚も異常で耳元でピストルを鳴らしても無関心だが、クルミを割る音には敏感に反応した。嗅覚も原始的で汚物の悪臭発散にも平気だった。触覚も物を掴む以外は何もできなかった。知能も低く、記憶力、判断力、思考力もなく、まったくの動物的存在だった。

　ピネルは、少年を診察して重度の知的障害者であると診断し、そのために森のなかに遺棄されたのだとして、この少年はいかなる社会の力も教育をも受け入れないと結論づけた（Lane, H., 訳書, 1980, p.69.）。しかしピネルの診断に疑問

をもった当時25歳の精神科医イタール (Itard, J. M. G.) は、村人の証言、少年の動作、刃物で傷つけられた喉などからみて、少年は4・5歳頃に森に遺棄され、その後1人で木の実や草の根などを食べながら生活してきたのではないか、その間にそれまで身につけていた言葉や習慣を忘れてしまったのではないか、だからもしこの少年を再び社会生活に戻し、教育すれば普通の子どもになるに違いないと考えて、少年を引き取り6年間にわたって教育を行った。その成果をイタールは第一次報告 (1801年) と第二次報告 (1807年) に分けて報告している。

図1−1　12歳か13歳の時のアヴェロンの野生児 (Shattuck,R., 訳書, 1980, p. 100)

（2）イタールの悲願：5つの教育目標

イタールは、5つの教育目標を立てて少年を教育した。教育目標は、①社会生活に興味をもたせること、②神経的感覚力を目ざめさせること、③観念の範囲を広げること、④言語を習得させること、⑤簡単な心的作業ができるようにすること、である。はじめの4年間にわたる教育の結果は期待されたほどのものではなかったが (第一次報告書, 1801)、次の2年間の教育では、①視覚・触覚・味覚の観念が広がり、②言葉の意味が少しわかるようになり、③人への感受性が深まった (第二次報告書, 1806)。教育の成果は顕著ではなかったものの、無力化していた感覚機能をある程度回復でき、発見時と比べると社会生活によく適応するようになった。イタールは、少年が「オー」という母音によく反応するところからヴィクトール (Victor, 勝利者) と名づけた。ヴィクトールは、自分の名前を覚えていて、名前を呼ばれると走ってくるし、入浴の際の熱い、冷たいという湯の温度にも反応するようになった。情緒的な反応も示すようになった。ある日、町のなかで、ヴィクトールは、イタールに依頼されて彼を献身的に世話していたゲラン夫人の手から逃げだしたが、夫人の姿を再び見た時

には涙を流して泣き、夫人が逃走を咎めると夫人の声の調子を理解して再び泣き出した。また聴覚が十分に機能していないために発音の習得が困難だったが、文字で綴った単語を示せば、その物を取ってくるようになったし、ジェスチュアで自分の要求を表したり、イタールの命令を理解できるようにもなった。しかし言語を習得することはできなかった。イタールやゲラン夫人はさまざまに工夫をして接したが、少年は「正常な」人間としての能力や反応を完全に取り戻すことは遂にできなかったのである。1828年、推定年齢40歳でヴィクトールは死去した。

イタールは、こうした経験から一般的帰結として5つのことを指摘している (Itard, J. M. G.,　訳書, 1967, pp.50-52)。

（1）人間特有の機能や知性、感覚を奪われた人間は、多くの動物にも劣っている。

（2）人間に自然にそなわっているといわれる道徳性は文明のもたらしたものであり、文明の力が人間を新しい感覚へと駆り立て、他の動物から引き上げる。

（3）器官を育て、とくに話し方を教える模倣力は人間生活の初期において非常な力で働き、年をとるにつれ、また孤独でいると衰える。幼児期以後の音声の習得は困難である。

（4）観念と要求との間には確固たる関係があり、人間の要求が増せば、知識の範囲や科学・芸術・工業の領域、つまり観念の領域も拡大する。

（5）教育の進歩は、現代医学によって進められる。医学こそが人間の身体的・知能的な特質を探り、その結果、教育によって人間を完全なものへと導いていくことができる。

〜〜 2．発達と文化の学習 〜〜

発達とは、一般的には個体が時間的経過に伴って形態・構造・機能を「完態」に向けて変化させていく過程を意味する。しかし人間の発達には生物学的側面、心理学的側面、社会学的側面という3つの側面がある。生物学的側面で

いう発達とは、身長・体重・胸囲など身体的部位の形態の増大、それと並行しての消化器官・循環器官・神経器官といった内部構造の形成・増大・機能化、あるいは刺激に対する機械的反応の連鎖・複雑化などである。心理学的側面の発達とは人間の心的機能が分化し、あるいは統合して、より有能化し、より複雑化していく過程である。感覚機能・認知機能・運動機能などが生得的な神経生理のメカニズムによって自己発動化し、有能化・高度化していくわけである。この、生物学的側面での発達を「成長」といい、心理学的側面での発達を「成熟」という。いずれも人間有機体の個体内部からの自己調整機制による完態に向かっての変化である。そのために発達は、これまで人間の個体自体の現象と見なされがちであった。

しかし人間の発達には、社会学的側面がある。社会学的側面の発達とは、人間が社会の文化を習得していくという学習過程の側面である。人間は社会のなかで生まれ、社会のなかでのみ人間としての生活をしていくことができる。このことは、要するに人間が社会から要求されること、つまり人間が社会のなかで生活していくために必要なことを学習し、習得して社会に適応していかなければならないことを意味する。その学習し、習得すべき内容が「文化」なのである。文化とはその社会の成員に共通した行動様式である。社会の成員が行動するための規準であり、行動の枠組みである。この文化を獲得した人間を「社会的人間」という。先に人間は生物学的個体として生まれ、生まれた後に文化を学習することによって人間になると言ったが、個体として生まれた人間は文化の学習を通して社会的人間になるのである。社会的人間になって人間は社会から正規の社会成員と見なされ、独立に行動することができるようになる。この、生まれてから社会的人間になるまでの間、人間は「子ども」として文化の学習過程の途上にある。

発達には、このように文化の学習過程という社会学的側面があるのだが、しかし、これまでの発達の概念は個体内の現象という生物学的概念、心理学的概念に偏っていた。そこで発達の社会学的側面を強調して社会的発達、または社会的発達過程ということもある。

アヴェロンの野生児はまさに、この人間の発達の社会学的側面が欠如していたことを端的に示している。人間は、社会から一切が引き離されるともはや人間としての発達を遂げることはできない。

第2節　発達と教育

1．人間の発達と学習環境

アヴェロンの野生児の事例を見れば、人間の発達にとって社会、あるいは文化が決定的に重要であることが理解されよう[1]。ヴィクトールはイタールとゲラン夫人の献身的な世話や教育を受けたけれども、発達の遅れを取り戻すことは遂にできなかった。とくに言語は人間が社会生活を営む上でのもっとも基本的な生存手段であるからイタールはヴィクトールに言語を習得させようと献身的な努力を傾けたけれども、ヴィクトールは言語を習得することはできなかった。イタールは、先に述べたように「（3）幼児期以後の音声の習得は困難である」と述べ、言語の習得は一定年齢を過ぎると不可能だと結論づけている。このことは、人間の発達にとって初期段階での社会的経験がいかに重要であるかを端的に示している。人間は無限の学習能力をもって生まれてくるが、しかしその学習能力はいつ、いかなる時でも発揮されるわけではない。言語能力には、まさに言語を習得すべきもっとも効果的な時期があり、その時期を過ぎると言語の習得は困難になる。

このように人間の発達には、それぞれの領域において社会からの働きかけ、社会的経験がもっとも効果的な最適の時期がある。これを「敏感期」という[2]。ヴィクトールが言語を習得できなかったのは「言語獲得の敏感期」を過ぎてしまっていたからである。このように人間には、それぞれの発達段階においてまさにその時期に果たさなければならない課題がある。これを「発達課題」という。その発達段階において獲得することがもっとも効果的であるという課題である。敏感期は課題獲得の最適期なのである。アメリカの教育社会学者であるハヴィガースト（Havighurst, R. J.）は、人間の生涯を幼児期、児童期、青年期、

表1-1　ハヴィガーストの発達課題（幼児期～青年期）
(Havighurst, R. J., 1953, 訳書, 1995, pp.30-167より作成)

幼児期 （誕生～ ほぼ6歳）	①歩行の学習 ②固形の食物をとることの学習 ③話すことの学習 ④排泄の仕方を学ぶこと ⑤性の相違を知り、性に対する慎しみを学ぶこと ⑥生理的安定を得ること ⑦社会や事物についての単純な概念を形成すること ⑧両親や兄弟姉妹や他人と情緒的に結びつくこと ⑨善悪を区別することの学習と良心を発達させること
児童期 （ほぼ6歳 ～12歳）	①普通の遊戯に必要な身体的技能の学習 ②成長する生活体としての自己に対する健全な態度を養うこと ③友だちと仲よくすること ④男子として、また女子としての社会的役割を学ぶこと ⑤読み・書き・計算の基礎的能力を発達させること ⑥日常生活に必要な概念を発達させること ⑦良心・道徳性・価値判断の尺度を発達させること ⑧人格の独立性を達成すること ⑨社会の諸機関や諸集団に対する社会的態度を発達させること
青年期 （12歳 ～18歳）	①同年齢の男女との洗練された新しい交際を学ぶこと ②男性として、また女性としての社会的役割を学ぶこと ③自分の身体の構造を理解し、身体を有効に使うこと ④両親や他の大人から情緒的に独立すること ⑤経済的な独立について自信をもつこと ⑥職業を選択し、準備すること ⑦結婚と家庭生活の準備をすること ⑧市民として必要な知識と態度を発達させること ⑨社会的に責任のある行動を求め、そしてそれを成し遂げること ⑩行動の指針としての価値や倫理の体系を学ぶこと

壮年期、中年期、老年期の6段階に分け、それぞれの発達課題を具体的に示している。表1-1は幼児期～青年期の発達課題である。「言語の習得」は幼児期の発達課題になっている。

　ヴィクトールは、社会から隔絶された状況にいたために人間としてのもっとも基本的な行動様式（発達課題）を幼児期に習得していく機会が剥奪され、そのために人間としての発達が阻害されてしまったのである。人間が人間として発達していくためには人間の社会や文化からの働きかけがいかに重要であるか。

人間は生存のための生得的メカニズムを何ももっておらず、生まれて以後においてほとんどすべての行動様式を学習しなければならないが、その学習は環境によって決定的に規定され、方向づけられるのである。

❧ 2．教育の必要性 ❧

しかし、それでは人間は、社会のなかで生活しているとおのずと文化を学習し、習得して社会的人間に形成されていくのかというと、そうではない。いかに社会のなかで生活していようと、自然的な発達過程のままでは人間は社会生活に必要な文化を習得していくことはできない。先に述べたように成長や成熟は人間の個体自体の現象であるから社会生活のなかでの自然的な生活過程のうちに発達していく。だが、人間が社会生活に必要な文化を学習し、習得していくためには人間の発達過程の、それぞれの段階の状況に応じた「教育」を受けなければならない。

文化とは、先に述べたように、社会の成員に共通した行動様式、社会の成員が行動するための規準、あるいは行動の枠組みであるが、具体的にはそれは多岐の領域・内容を含んでいる。価値、規範、信念、態度、知識、技能、言語、さらに慣習、儀礼、制度、法律、政治、経済、道徳、芸術、科学、宗教など。これらの領域・内容はさらに多様な下位の領域・内容を含んでいる。だから文化を学習し、習得するといっても、個人にとってはあまりにも多様であり、膨大な量である。人間は無限の学習能力をもって生まれてくるとはいえ、多様で膨大な量の文化を全て習得することはできない。個人の能力にも限界はある。しかも個人にとっては、そうした文化のすべてが社会のなかでの生活に必要だとは限らない。とすれば、そうした文化のなかから現に社会生活に必要な、最低限の、基本的な文化のみを選択し、それを個人に優先的に学習させ、習得させていかなければならない。しかる後に習得すべき文化の領域・内容を漸次増やしていくことになる。

しかし、個人が、とくに子どもがみずから社会生活に必要な、基本的な文化を選択することはできない。もし子どもが自分で現実に社会生活に必要な文化

を選択しようとすれば、さまざまな試行錯誤の過程を経なければならないだろう。ヴィクトールの身体中の傷は、彼が森の生活に適応していくために試行錯誤をくり返した証である。耳元でのピストルの音には反応しないのにクルミを割る微かな音には敏感に反応するのは、生きていくために必要な食物を象徴する音と生きていくこととは関係のない音とを一つひとつの経験のなかから試行錯誤をくり返しつつ習得していった結果だろう。

　だからいかに社会のなかで生活しようと、その自然な生活のままにさせているだけでは子どもは現実に社会生活に必要な、基本的な文化を選択し、学習していくことはできない。たとえ、試行錯誤の過程を経つつ子どもが文化を選択し学習したとしても、その選択し学習した文化が社会生活に必要な文化と合致するとは限らない。

　ここに教育が必要な理由がある。現に社会生活を経験している成人世代（大人）がみずからの社会的経験に基づいて社会生活に必要な基本的な、最低限必要な文化を選択して、それを子どもに学習させ、習得させていかなければならない。そして子どもが効果的に文化を習得していくことができるように系統的・計画的に、一貫性をもって指導、援助していかなければならない。これが「教育」である。子どもが文化を学習し、習得していく過程を指導して、その学習・習得過程が円滑に進むようにしていくのである。この、子どもの学習の指導が教育なのである。

🍃 3. 人間の発達と教育 🍃

　このように教育とは、成人世代（大人）が未だ社会生活に未熟な未成年世代（子ども）に対して社会生活に必要な基本的な、最低限必要な文化を習得させることを意図して働きかける活動である[3]。

　しかし、教育が有効に機能するためには、教育の対象である未成年世代、つまり子どもの、その時の発達水準の程度を考慮に入れなければならない。子どもが一定程度の発達水準に達していなければ、いくら教育をしても、その効果を期待することはできない。読み書き算盤ができるようになるためにはシンボ

ル機能が発達して数量の保存性を獲得できていなければならない⁽⁴⁾。その意味では発達は教育を規定する。

　しかし、教育が現在の発達水準に合わせているかぎり、あらたな発達の可能性は小さい。教育の意味は、子どもの現在の発達水準よりもやや高度の水準に焦点を当て、その発達の潜在的可能性に働きかけるところにある。教育は子どもの現在の発達水準に追随するのではなく発達に積極的に関与し、発達に先行して、子どもをやや高度の水準に引き上げるのである。この、子どもが現在到達している発達水準と教育的働きかけによって達成可能な、より高度な発達水準の距離の範囲を「発達の最近接領域」、または「発達の潜在的可能性」という。そして教育が現在の発達水準よりもやや高度の水準に焦点を当てるというのは、単に現在の発達水準をそのままの方向に引き上げるということではなく、発達にあらたな方向づけと価値づけをもたらすということである。

　変動する現代社会の混迷のなかで子どもの発達が遅滞したり、逸脱したりしないように、そしてまた現在の発達水準を高めるように、教育は子どもの発達を価値実現に向けて方向づけるのである。教育は発達に対する価値志向的な意図的働きかけなのである。

　しかし教育的働きかけの前に子どもの発達の事実が明らかにされなければならない。教育が発達を先導し、発達をリードするとしても、それに先だって子どもの発達過程の事実が明らかにされ、そうした事実をふまえた上での教育的働きかけでなければ教育の効果は期待できないし、教育の意味はない。

　ここに発達を社会学的な立場から分析し、研究していく必要性が生まれてくる。人間の発達に対して社会的・文化的文脈がいかに影響するか、その結果人間はどのように変化（発達）していくのかという、社会的・文化的な働きかけとそれに対する人間の反応を問題とする。このように発達を社会学的視点から解明していこうとするのが「発達社会学」(sociology of child development)⁽⁵⁾である。人間は社会的所産なのである。

1. 社会化の概念

　先に述べたように、文化の学習過程という発達の社会学的側面を強調するために「発達」を「社会的発達」、または「社会的発達過程」というが、こうした発達の社会的過程を考察していく場合、「社会化」の概念が有効である。

　社会化とは、個人が他の人々からの働きかけを受けつつ、つまり他者との相互作用を通して、その社会の行動様式や価値規範・態度・知識・技能などの文化を習得し、その社会の成員としての行動様式や価値規範を習得していく過程である。この社会化の過程を通して個人は社会に適応していくが、社会も社会化された個人を成員とすることによって維持存続していくことができる。社会化は個人と社会を相互に結びつける過程なのである。個人の側からいえば、社会化は個人がその社会の文化を学習獲得し、その社会における独立した行動の主体、つまり社会的人間になっていく過程であり、社会の「成員性の獲得過程」である。だが、社会の側からいえば、社会化は、生物学的個体として生まれてきた個人に社会の文化を伝達し、その社会に適合的な行動様式や価値規範を個人に学習させ、習得させていく「統制的過程」である。前者の、個人に視点をおいた集団成員性の獲得過程である社会化を「個人的学習過程」といい、後者の、社会に視点をおいた統制的過程である社会化を「文化的伝達過程」という。学校のカリキュラムは文化的伝達過程の例である。

　しかし、ここでは、子どもの発達過程に焦点を当てているので個人の集団成員性の獲得過程である社会化について考察する。生物学的個体として生まれてきた人間が文化を学習獲得することによって社会的人間にまで発達していくという社会化過程である。

2. 社会化と第一次集団

　社会化は他の人々からの働きかけを受けつつ、つまり他者との相互作用を通

して進行していくが、その相互作用には直接的相互作用と間接的相互作用とがある。直接的相互作用とは他者との対面的な接触であり、間接的相互作用とはなんらかの媒体を通しての他者との接触である。携帯電話、メール、手紙などは間接的相互作用の例である。マス・メディアも不特定多数を対象とするとはいえ、電波、紙といった媒体を通して個人に対して意思、感情、娯楽などのメッセージを伝達するのであるから間接的相互作用の例である。

　しかし社会化に対する影響を考えた場合、直接的な対面的相互作用の方が影響力は大きい。顔と顔をつきあわせての対面的接触であるから言語ばかりでなく表情、態度、行動によって相手に意思や感情を伝達することができる。「沈黙の言語」[6]である。対面的相互作用であれば、言語的コミュニケーションだけでなく、非言語的コミュニケーションも使用できる。さらに対面的相互作用の場の雰囲気、あるいはその場に存在するものが対面的な相互作用に介入することもある。また顔と顔とをつき合わせての対面的接触であるから相互の信頼性、親密性も生まれよう。だから対面的な直接的接触による相互作用の結合は強く、それだけに社会化を強力に押し進めていくのである。それに対して間接的相互作用は、伝達手段としての利便性は高いものの、表情、態度、行動といった非言語的コミュニケーションを使うことはできないし、また言語を使用しての伝達であっても情緒的内容は大体が表現が困難であるから相手にその情緒を伝達することは容易でない。また間接的な接触であるが故に相互の信頼性、親密性に欠ける。だから社会化の強度ということからいえば、直接的な対面的接触による相互作用には及ばない。

　こうした直接的接触による相互作用は、具体的には集団のなかで営まれている。集団は、成員間の対面的相互作用の集積した場である。特に成員が顔と顔をつき合わせて相互に反応しあっている集団を「対面集団」という。家族集団や遊戯集団（仲間集団）、また企業集団や政治集団などである。しかしこうした対面集団のなかでも、取り分け対面的な接触による親密な結合、それゆえの成員間の連帯感・一体感（「われわれ意識」という）と協力関係を特徴とする集団を、社会学者のクーリー（Cooley, C. H.）は「第一次集団」と呼び、社会化に大きな

影響力をもつとした。第一次というのは、個人の社会性と理想（忠誠、真実、親切、正義、公正、平等、信頼、正直、誠意など）の形成にとって根本的意義を有するという意味である。第一次集団の例としてクーリーは家族集団、子どもたちの遊戯集団（仲間集団）、大人たちの地域集団をあげている。こうした第一次集団をクーリーは「人間性の養成所」と呼んでいる（Cooley, C. H., 1909, 訳書, pp.24-25）。なお、デーヴィス（Davis, K.）は、クーリーの第一次集団概念を修正し、第一次集団の条件として、集団成員が物理的に接触していること（近接性）、集団が小規模なこと（小規模性）、結びつきが継続的であること（継続性）と端的にまとめている（Davis, K., 1948, pp.290-294, 訳書, pp.15-21）。

　こうした第一次集団のなかで個人はその集団の行動様式や価値・規範・態度を内面化（他者の価値・信念・態度を自分自身のなかに取り入れること）し、社会化されていくのである。だが、第一次集団といっても、個人は一度に多数の第一次集団に所属するのではなく、そこには一定の順序性がある。生まれて以後の時間的順序に従って考えてみると、家族集団－遊戯集団（仲間集団）－隣人集団－学校集団－職業集団という主要な系列をあげることができる。このように発達の時間的順序性に従って所属し通過していく集団を「通過集団」という。しかし通過集団は、それまで所属していた集団を離脱して次の集団に所属するという意味ではない。人間は家族集団のなかで生まれ、家族集団のなかで成長するが、幼児期・児童期になると遊戯集団（仲間集団）にも同時に所属するようになり、学校集団にも同時に所属するようになる。

　この通過集団の順序性に従って個人は集団に所属し、それぞれの所属集団（個人が実際に所属している集団）から集団の行動様式や価値・規範・態度を習得して社会化されていく。集団による社会化である。つまり通過集団の順序性に従ってそれぞれの集団による社会化が行われていくのであるが、その社会化過程における集団の比重が移行していくのである。幼児期までの子どもは家族集団に所属し、親に全面的に依存しているから親の行動様式や価値・規範・態度がその子どもの価値・態度・行動・評価の規準を形成していく。だが、児童期・青年期になると子どもは仲間集団にも所属するようになる。そうすると親

（家族集団）よりも仲間集団の価値・規範・態度・行動様式の方が重要になり、仲間の評価が子どもの価値・規範・態度・行動の基準を形成するようになる。つまり社会化の比重が家族集団から仲間集団に移行していくわけである。さらに学校集団にも所属するようになると学校集団の要求する価値・規範・態度・行動が子どもの評価基準を形成するようになる。社会化の比重が学校集団に移行するのである。一般に個人の態度・評価・行動の規準になるような集団を「準拠集団」というが、そうすると通過集団というのは、個人の準拠集団が時間的順序性に従って移行していくことを意味する。幼児期までは家族集団が準拠集団となるが、児童期・青年期では仲間集団や学校集団が準拠集団になる。そして成人期になって社会的人間と見なされるようになれば職業集団が準拠集団になる[7]。

　このように個人は通過集団の順序性に従ってそれぞれの集団から社会化されていき、その順序性に従って社会化の比重を移行していくのである。通過集団の順序性とは準拠集団の移行過程なのである。通過集団を移行しつつ個人はその通過集団を準拠集団として社会化され、しだいにその社会の成員性を獲得していくのである。その社会化の方向は個別性から普遍性へと向かっている。個々の家族による社会化からその社会の成員性を獲得した社会的人間へと方向づけられていくのである。

3．変動する現代社会の社会化環境

　子どもの社会化過程は、このように性質や構造・機能を異にした通過集団によって社会化されつつ社会の成員性を獲得していく過程なのである。だが、実際に子どもと対面的な関係を結んで子どもを社会化していくのは通過集団の成員である。通過集団のなかで成員が社会化する主体となり、子どもが社会化される客体となる。この社会化主体をソーシャライザー（socializer）といい、社会化客体をソーシャライジー（socializee）という。家族集団では親がソーシャライザーであり、子どもがソーシャライジーである。だからソーシャライジーである子どもにとって、ソーシャライザーがどのような人間なのか、またその

ソーシャライザーとの関係がどのような性質の相互作用なのかということが重要になる。ソーシャライザーが子どもの社会化の方向と強度と形式を規定するからである。そして子どもの社会化に大きな影響を与えるソーシャライザーを「重要な他者」という。幼児や児童にとって母親は重要な他者であるし、青年にとっては仲間が重要な他者になる。

ところで現代社会においては、マス・メディアもソーシャライザーとして機能する。マス・メディアは電波や紙を媒体としての間接的相互作用とはいえ、子どもの社会化に強く働きかけ、大きな影響を与えている。とくにテレビは視聴覚を直接刺激する映像情報であるから、それだけに影響力は強く、子どもは無抵抗のままただ感情的に反応するだけである。他にも漫画、雑誌、映画、ラジオ、さらに最近では音楽や動画のサブスクライブが進んで興味本位の遊楽的情報が子どもの日常世界に深く入り込んでいる。マス・メディアは、地域、世代を超えて大量の情報を一挙に伝達し、人々の思考と行動様式を等質化・画一化するように働きかけているのである。

また今日においてはニューメディアが急速に普及してきた。パソコンやインターネット、スマートフォン（スマホ）などである。マス・メディアが不特定多数の人々を対象としているのに対し、ニューメディアは情報の発信者とその情報の受け手である特定の人々とのパーソナルな関係のメディアという特徴をもっている。とくにスマートフォンは多様な機能をもち、時間・場所を問わず、いつでもどこでも誰にでも繋ぐことができることから急速に普及し、同時にコミュニケーションツールとしてのメッセージアプリであるLINEが急速に普及して子どもの日常生活を大きく変えた。今やスマホ依存症と言われるほどにまでスマホに夢中になり、そのために生活を乱し、体調を崩すような子どもが現れるほどである。またスマホを使ってのあらたな「いじめ」やトラブルも現れた。

さらにかつては一億総中流社会といわれた日本社会も、1990年代以降のバブル崩壊、その後の景気低迷、失業率の上昇、低賃金の非正規雇用者の大幅な増加などによって中流層は大幅に減少し、その結果、富裕層と貧困層との二極分

化が進んで格差社会といわれるようになった。とくに貧困層が増加し、2021年調査によれば児童のいる世帯では59.2%が「生活が苦しい」としている（厚生労働省，2021，p.16，「大変苦しい」25.4%，「やや苦しい」33.8%）。今や子どもの7人に1人が貧困である。その一方で進学競争の過熱状況は依然として変わらない。子どもを学歴→職業→高収入・高い地位の流れに乗せるべく幼児期からの早期教育に力をそそぐ風潮も依然として変わらないし、それどころか近年では中高一貫校や私立学校への進学競争が過熱傾向にある。その一方、高等教育の大衆化が進展し、今や「大学全入時代」と言われるほどになったが、そうなれば学歴の効果はともかくも、学歴を獲得しておくことが「人並み」となり、そしてそうであれば、その人並みの、可能な範囲の中でできるだけ上位の有名校に行っておきたいという考え方が広まってくる。かくて広く進学熱が浸透し、進学塾や学習塾への通塾が当たり前になってくる。

　こうした変動社会のなかでの日常的な生活過程を通して子どもの社会化は漸次的に進行している。だが、そうした社会化過程が調和的に進行していくとはかぎらない。歪みや障害が生じ社会化過程が混乱して、社会化が阻害されているような場合もある。子どもの逸脱行動がそれである。だが、逸脱行動にも焦点を当てることによって子どもの社会化過程を逆の視点から考えてみることも必要である。

　以下の章では、こうした構成にしたがって現代の、変動社会のなかでの子どもの社会化過程を考察する。

（住田　正樹）

【注】

（1）なんらかの理由によって乳幼児期から長期にわたって人間の社会から隔絶された状況のなかで成長していった子どもを野生児というが、アヴェロンの野生児の他にもさまざまな野生児の報告がある。著名な例ではアンナやジーニーなどの少女の例がある。

　アンナ（1932〜1941）は、母親が正式な結婚をしていなかったため祖父が母親のふしだらを怒り、アンナの顔を見ることさえ嫌がったために幼児の時から発見される6歳近くまで母親から自宅2階の物置小屋に閉じ込められたままミルクだけを与えられて放置されていた。彼女は人間的な接触を絶たれ、やっと生き続けられるだけの世話しか受けてこなかった。服や寝床

も取り替えられることもなく不潔なままにされていた。発見された時は言葉も話せず、排泄も統制できず、歩くこともできず、ただの生物有機体でしかなかった（Davis,K. 1940, 1947）。ジーニー（1957～）は異常な父親のために生後20ヵ月の時から窓も扉も閉め切った部屋に閉じ込められて幼児用の便座椅子に括りつけられたまま放置されていた。ベビーフードとオートミール、たまに半熟卵の食物だけを与えられて11年間を過ごした。彼女もまた発見された時は数語の聞き取れない言葉を話すだけであり、固形食を咀嚼することもできず、排泄を統制することもできず、立っていることもままならなかった（Ryme,R., 1993）。

　　日本でも1972年に親に放置されていた姉弟（6歳と5歳）が発見された例がある。姉弟は発見当時は歩行不能（少し後に歩行）、排泄の統制不能、衣服の着脱不可能、発語は姉3語程度、弟はゼロだった（藤永他，1987）。

（2）敏感期は臨界期とも言う。しかし臨界期はその時期を過ぎると刺激の効果がなくなるという意味だが、人間の発達に対する刺激の効果は厳密な時間的限定が困難であることから今日では敏感期が広く用いられるようになった。また、最適期ともよばれる。

（3）教育の対象は何も未成年世代に限ったことではない。今日のような生涯学習社会では成人世代もみずから学習するために教育を受ける。つまり教育の対象となる。だが、未成年世代の場合には、成人世代が自らの選択による学習であるのに対して、そうした選択の自由はなく、教育を受けることを社会から要求され、学習することを義務づけられている。

（4）保存性とは、一定の数量は変形したり分割したり配置が変わったりして外観が変化しても、その数量は一定であるとする認識のこと。心理学者ピアジェ（Piaget,J.）の説。

（5）発達社会学の英訳はsociology of development であるが、開発社会学の英訳もsociology of development であるため、明確に区別するために発達社会学はsociology of child development ということもある。

（6）沈黙の言語は、ジェスチュア、視線や表情、態度やしぐさ、また間合いや時間的感覚、時には沈黙など物事を言葉で表現しないで意図や感情を伝えるという非言語的コミュケーションのこと。

（7）社会化は第一次社会化と第二次社会化に分けられる。第一次社会化は人間としての基礎的な生活習慣や社会規範、価値観や行動様式を学習し、社会的人間にまで形成されていく過程であり、第二次社会化は、その第一次社会化を基礎にさらに特定の組織や集団に固有の、個別具体的な文化を習得していく過程をいう。つまり家族集団や遊戯集団（仲間集団）、学校集団における社会化は第一次社会化であり、ある特定の職業集団に加入して職業文化を内面化し職業人として形成されていく過程は第二次社会化である。

【引用・参考文献】

Cooley, C.H., 1909, *Social Organization: a study of the larger mind*, Charles Scribner's Sons.（＝1970, 大橋幸・菊池美代志訳『社会組織論』青木書店）

Davis, K., 1940, Extreme isolation of a child, *The American Journal of Sociology*, 45（4）, 554-565.（＝1978, 清水知子訳「社会的に孤立した環境で育った子アンナ」中野善達編訳『遺伝と環境—野生児からの考察—』（野生児の記録4）福村出版, pp.66-84）

Davis, K., 1947, Final note on a case of extreme social isolation, *The American Journal of Sociology*, 52（5）, 432-437.（＝1978, 中峰朝子訳「隔離環境で育った子アンナの最終報告」, 中野

善達編訳『遺伝と環境：野生児からの考察』（野生児の記録 4）福村出版，pp.105-120）

Davis, K., 1948, *Human Society*, Macmillan Co. (＝1985，渡瀬浩監訳・西岡健夫訳『人間社会論』
晃洋書房．但し、11. Primary and Secondary Groups, 15. Marriage and the Family, 17.
Economic Institutions の抄訳）

藤永保・斎賀久敬・春日喬・内田伸子，1987，『人間発達と初期環境―初期環境の貧困に基づく発
達遅滞児の長期追跡研究―』有斐閣

Havighurst, R.J., 1953, *Human Development and Education*, Longmans, Green. (＝1995，庄 司 雅
子監訳『人間の発達課題と教育』玉川大学出版部）

Itard, J. M. G., 1894, *Le Sauvage de L'aveyron*. (＝1952，古武弥正訳『アヴェロンの野生児』牧書
店）（＝1978，中野善達・松田清訳『新訳アヴェロンの野生児―ヴィクトールの発達と教育―』
福村出版）

厚生労働省，2022，『2021（令和 3 ）年 国民生活基礎調査の概況』

Lane, H., 1976, *The wild boy of Aveyron*, Harvard University Press. (＝1980, 中野善達訳編『ア
ヴェロンの野生児研究』福村出版）

Shattuck, R., 1980, *The Forbidden Experiment : The Story of The Willd Boy of Aveyron*, Martin
Secker & Warburg Ltd. (＝1982，生月雅子訳『アヴェロンの野生児―禁じられた実験―』家政
教育社）

清水幾太郎，1954，『社会的人間論』（但し1969年版）角川書店

Rymer, R., 1993, *Genie: An Abused Child's Flight from Silence*, Harper Collins Publishers. (＝
1995, 片山陽子訳『隔絶された少女の記録』晶文社）

山村賢明（門脇厚司・北澤毅編），2008，『社会化の理論―教育社会学論集―』世織書房

【ブックガイド】

●Cooley, C.H., 1909, *Social Organization : A Study of the Larger Mind*, Charles
Scribner's Sons. （＝1970，大橋幸・菊池美代志訳『社会組織論』青木書店）：第一次
集団という概念をつくり出し、第一次集団を人間性の養成所として人間形成の原型をな
すものと考えた。また人間性が社会組織や制度を規定していく過程についても考察して
いる。

●Havighurst, R.J., 1953, *Human Development and Education*, longmans, Green & Co..
（＝1995，庄司雅子監訳『人間の発達課題と教育』玉川大学出版部）：発達課題という概
念をはじめて用い、人間の生涯を 6 段階に分け、それぞれの段階ごとに達成しなければ
ならない課題があるとし、その課題が達成されなければ次の段階の課題解決に困難をも
たらすとした。現在でも基本的には有効である。

子どもの発達と
社会集団

Chapter 2 家族集団と子どもの社会化

第1節　子どもの社会化と家族集団

1．社会化過程における家族集団の重要性

　人間は乳幼児期というもっとも可塑性に富んだ時期を家族集団のなかで過ごし、基礎的かつ基底的に社会化されていく。人間が基礎的に社会化されていくというのは、乳幼児期の社会化内容が人間の生涯にわたる習慣的な行動様式の基礎を形成するという意味である。食事、排泄、睡眠、歩行、言語などは人間の生活のもっとも基本的、習慣的な行動様式であり、こうした行動様式を習得しないかぎり人間は社会生活に入っていくことはできない。また基底的に社会化されていくというのは、乳幼児期の社会化内容が、その後の社会化の方向を決定し、社会化の内容を選択していく枠組みを形成するという意味である。乳幼児期の社会化が以後の社会化の輪郭を形成していくのである。乳幼児期において形成した物事の是非や善悪の区別、性差、情緒的関係や生理的安定性は、その後の社会化の基底となり、その後の社会化を方向づけていく。

　乳幼児期の子どもは全面的に家族員（親）に依存しなければ生きていくことはできないが、それだけに家族集団は子どもの社会化を決定的に方向づけていく。

2．子どもの社会化過程における家族集団の特徴

　家族は、夫婦関係（姻縁）をもとにして親子・きょうだい（血縁）などの近親者を構成員とする集団であるが、子どもの社会化という視点から見ると、以下のような特徴がある。

　第1に家族集団は子どもにとって選ぶことができない運命的な集団だという

ことである。裕福な家族もあれば、そうでない家族もあるが、子どもは家族を選ぶことはできない。家族は運命的に決定される（清水，1940，p.27）。第2に乳幼児期の子どもにとって家族集団は唯一の世界だということである。子どもは家族、つまり親に全面的に依存しなければ生きていくことができず、その間は家族集団が唯一の世界である。第3に乳幼児期の子どもはまったく無力な存在で、家族（親）に全面的に依存しなければならないから、親の統制力は絶対的であり、決定的だということである。親は子どもの生活全体を支配し、統制している。第4に家族集団は子どもにとって長期にわたって所属する集団だということである[(1)]。どの家族集団もそれぞれに固有の文化、つまり家族文化を築いているが、子どもはその家族文化を長期にわたって漸次的に吸収していく。知らず知らずのうちに家族文化を内面化していくのである。

　そして第5に、家族集団は近親者のみを構成員とする少数者集団であるから家族成員間の関係は愛情に基づいた感情融合が支配的であるが、しかし成員間に感情の離齟が生じると、緊張や対立、葛藤が表面化して家族緊張が生じることがある。家族集団は愛情に基づきつつもさまざまな感情が絡みあった結びつきをしている（森岡・望月，2002，pp.4 - 5）。

3．子どもの社会化の形態

　第一次集団が子どもを社会化していくといっても、実際には集団のなかの直接的な対面的関係を通して子どもは社会化されていく。その対面的関係において対人的影響を与える主体、つまり社会化する主体をソーシャライザー（socializer）といい、対人的影響を受ける客体、つまり社会化される客体をソーシャライジー（socializee）という（第1章参照）。家族集団では親がソーシャライザーであり、子どもがソーシャライジーである。ソーシャライザーである親とソーシャライジーである子どもとの関係を示すと図2 - 1のようになる。

　ソーシャライジーである子どもは、ソーシャライザーである親からの意図的な働きかけによって、その親の意図する内容を習得していく場合（I）もあるが、しかし親が意図的に働きかけなくても、その親の態度や行動から、そこに

		ソーシャライザー（親）	
		意図的	無意図的
ソーシャライジー	意図的	（Ⅰ）しつけ	（Ⅱ）模倣
（子ども）	無意図的	（Ⅲ）感化	（Ⅳ）薫化

図2－1　家族集団のなかでの子どもの社会化の形態

表れている価値・規範・信念・思考・行動様式などを子どもが意識的に習得していく場合（Ⅱ）もある。

　その一方で、親が意図的に働きかけても、その親の意図を子どもが意識することなく、しかし結果として親の意図する方向に子どもが社会化されていく場合（Ⅲ）もある。そしてまた親も意図的に働きかけるわけでもなく、子どもも意図的に習得していこうとするわけでもないが、しかし先の家族集団の特徴で述べように、家族集団に所属している長期の過程で子どもが知らず知らずのうちに家族文化を吸収していく場合（Ⅳ）もある。

　家族集団のなかでの子どもの社会化は、このように４つの形態に分けることができる。（Ⅰ）～（Ⅳ）のそれぞれを「しつけ」、「模倣」、「感化」、「薫化」という。

■ 第2節　家族集団と子どもの社会化過程（Ⅰ）：口唇危機から愛着期まで ■

1．社会化のメカニズム

　こうした家族集団のなかでの子どもの社会化を詳細に考察していったのは社会学者のパーソンズ（Parsons, T.）である。彼は精神分析学者のフロイト（Freud, S.）の心理・性的発達論を修正する形で、社会化は安定的な状態と危機的な状態とを交互にくり返しつつ進行していくとして8つの社会化段階を考えた（Parsons, T. and Bales, R. F., 1956, 訳書, 1970-1971)。口唇依存期 →愛着期 →潜在期 →成熟期という安定的な4つの位相[2]と、その位相への移行期としての、口唇危機→肛門位相→エディプス位相→青年期という4つの危機である。子どもは危機の状態を克服して次の高次の安定した状態に移行し、さらに次の危機状

態を克服して次の高次の安定した状態に到達するという。そして移行期における社会化のメカニズムとして、許容→支持→相互性の拒否→報酬の操作という順序で展開される位相サイクルを考えた（図2－2）。

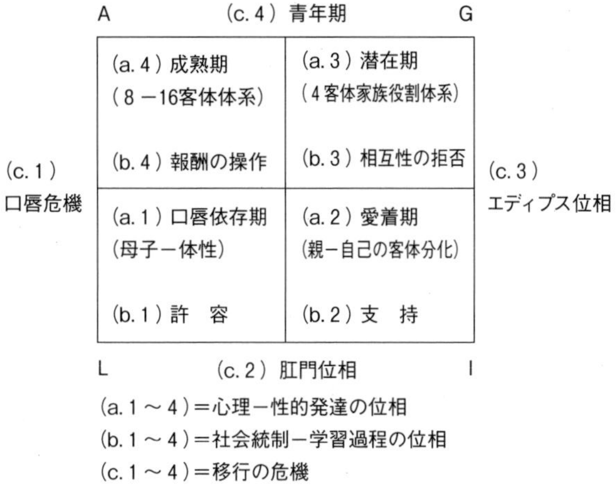

　親が子どもを社会化していく時、親は

A　　　　　　（c.4）青年期　　　　　　G

（a.4）成熟期 （8－16客体体系） （b.4）報酬の操作	（a.3）潜在期 （4客体家族役割体系） （b.3）相互性の拒否
（a.1）口唇依存期 （母子一体性） （b.1）許　容	（a.2）愛着期 （親－自己の客体分化） （b.2）支　持

（c.1）口唇危機　　　　　　　　　　　　　　　　　　（c.3）エディプス位相

L　　　　　　（c.2）肛門位相　　　　　　I

（a.1～4）＝心理－性的発達の位相
（b.1～4）＝社会統制－学習過程の位相
（c.1～4）＝移行の危機

図2－2　社会化過程の位相パターン
（Parsons, T. and Bales, R. F., 1956, 訳書（上）1970, p.70）

二重の役割を演じなければならない。社会化は低次の段階にいる子どもを高次の段階にまで引き上げていくことだから、親は子どもが現に位置している低次の社会化段階での役割と次の高次の社会化段階での役割の二重の役割を演じるのである。だが、子どもは今いる低次の段階にいる方が楽である。今まで通りの規範に従って行動していればよいからである。高次の段階に進むということは、あらたな課題を達成するための厳しい規範に従って行動しなければならないということである。だから親が高次の社会化段階に立って子どもに働きかけても、子どもはフラストレーション（欲求不満）を感じるだけである。そのために親は低次の段階での行動を子どもがとったとしても寛大な態度で臨み〔許容〕、そして子どもが未熟であっても高次の段階での行動をとろうとする時には、それを支持するのである〔支持〕。しかし子どもが今まで通りの低次の段階での行動をとり、その低次段階での交渉（相互作用）を親に求めると、それは親が子どものペースにはまって低次の段階に引き込まれてしまうことになるから親はその低次の段階での子どもとの相互作用を拒否する〔相互性の拒否〕。しかし子どもが高次の段階での規範に合致するような行動をとった時には親はそれを

肯定し、報酬を与えるのである〔報酬の操作〕。

　こうした位相サイクル（図2−2、(b.1 〜 4)）はソーシャライザーとしての親の態度に含まれる基本的要素なのであり、ソーシャライジーとしての子どもは位相サイクルを反復するというメカニズムによって社会化されていく。

🍃 2．社会化の過程：口唇危機から愛着期まで 🍃

　パーソンズの社会化の段階を時間的順序に従って示せば、①口唇危機、②口唇依存期、③肛門位相、④愛着期、⑤エディプス位相、⑥潜在期、⑦青年期、⑧成熟期となる。それぞれの段階において子どもはどのように社会化されていくのか。

（1）口唇危機と口唇依存期

　人間は新生児としてこの世に生まれると、本能的に母親の乳房に吸いついて栄養を摂取し、生命を維持していく。この胎児から新生児への転換を「口唇危機」という。母親の胎内では臍帯（へその緒）から栄養を摂取していたが、出生と同時に新生児は栄養摂取の器官を口唇に移行しなければならない。新生児にとっては一大転換である。その意味で一種の危機なのである。

　しかしこの口唇危機は早々に克服され、次の安定的な段階に移行する。母親は子どもを常に「良き状態に保つ」ように、先回りして世話をするから子どもは母親に依存していればよい。子どもの欲求の充足は母親の世話と合致している。そのために子どもは自分と母親を一体と感じるのである。この母と子の一体融合的な関係を「母子一体性」という。子どもは口唇を通して母親と一体融合的な安定した心理状態に置かれるのである。この段階を「口唇依存期」という。

　しかし口唇依存期も後期の段階になると、母親は一定の時間的間隔をおいて世話をするようになる。子どもの生理的リズムを自分（母親）の世話のリズムに合致させようとする。そのために子どもの欲求に母親が応えない場合が出てくる。だから子どもは母親の世話のリズムに適応してあらたな行動パターンを学習していかなければならない。その学習過程において子どもは口唇によって

自分の欲求を表現すること、また母親の世話に対する満足−不満足、快−不快といった感情を表現することを学ぶのである。口唇は、この時期の子どもにとって単に有機体的欲求を充足させる器官というだけではなく、自分の充足や感情を表現するというシンボル的な働きをする器官となるのである。

（2）肛門位相と愛着期

次の「肛門位相」は離乳の時期であり、排泄の訓練の時期である。排泄の訓練は肛門括約筋のコントロールを意味するため、この時期を肛門位相という。排泄の訓練は母親が子どもに対してみずからをコントロールするように自律性を要求するのであるが、この過程は、子どもの側からいえば、（a）自分に自律的行動を要求する母親、（b）その要求の対象になっている自分とその要求通りに自律的に行動しようとする自分、（c）その自分の自律的な行動に対する母親の肯定的または否定的反応、（d）そのような母親の肯定的または否定的反応の対象になっている自分、という対応関係になる。だが、母親の要求通りに子どもが自律的に行動しようと思ってもうまくできるとはかぎらない。しかし母親は自律的に行動しようとする子どもの意志・態度を「許容」し、また子どもが自律的に行動した場合（うまく排泄を処理した場合）には、その行動を「支持」し、また「報酬」を与えるのである。だが、子どもが母親に依存するような退行行動（前段階の口唇依存期と同じ行動）をとった場合には、それを「拒否」する。

母親との、こうした対応関係の過程で子どもは自他の分離を明確化していく。自律的行動を要求する母親、その要求の対象である自分、その自分の自律的行動に対する母親の反応という対応関係の過程で、子どもは母子一体的な関係から自分と母親とを分離させ、自分とは別の存在として母親を意識するようになる。また子どもが（a）母親の要求通りに、（b−1）自律的行動をとれば、（c−1）母親は賞賛し、喜び、満足するが（（c）の肯定的反応）、しかし（b−2）自律的行動をとれなかった場合には（c−2）母親は悲しみ、その失敗した行動を拒否する（（c）の否定的反応）という対応関係の過程から、子どもは母親に賞賛してもらい、喜んでもらい、満足してもらたいと思って自律的行動をとるようになる。この母親を喜ばせたい、満足させたいという動機が子どもに

とっては母親に対する愛情となる。子どもはそれまでは母親の愛情の対象でし
かなかったが、こうした動機をもつようになると母親を愛情の対象にし、母親
に愛情を示すことができるようになる。つまり子どもにとって自律的に行動す
ることが母親に対する愛情表現なのである。まさに「排泄は愛情の表現」なの
である。

　だから、この段階では子どもは母親から愛情を受けるとともに母親に対して
愛情を返すことができるようになる。母親と子どもとのあいだに愛情の交換関
係が形成されるわけである。これが「愛着期」である。肛門位相は排泄のコン
トロールという自律的行動が要求され、その課題を達成しなければならない危
機的な段階であるが、その課題を達成すると安定的な愛着期に達し、より高次
の段階に至るというわけである。

■ **第3節　家族集団と子どもの社会化過程（Ⅱ）：エディプス位相と潜在期** ■

1. 性別役割の獲得：性の社会化

　エディプス位相のエディプス（Oedipus）とは、ギリシャ神話に登場する王の
名前で、運命の手に導かれて知らないうちに父王を殺し、自分の母親と結婚す
るという悲劇の主人公である。フロイトは3〜5歳頃の男児は無意識に同性
の親である父親を憎悪し（父王を殺す）、異性の親である母親に愛情をもつ（母
親と結婚）という感情をもつようになるとして、こうした無意識の感情群を「エ
ディプス・コンプレックス」と呼んだ。これに対して女児の場合の同様の感情
群を「エレクトラ・コンプレックス」（ユング（Jung, C.G.）の用語）という[3]。し
かし一般に同性の親への敵意と異性の親への愛情をエディプス・コンプレック
スと呼んでいる。エディプス位相は子どもが性を意識する時期である。

（1）父親の登場

　エディプス位相の段階になると父親が登場する。愛着期までの子どもにとっ
て重要なのは母親であったから親といえば母親であったが、エディプス位相で
は父親が母親とは異なった役割をもって登場し、それまでの愛情に満ちた母親

と子どもとの相互関係のなかに介入してくるのである。しかしこの父親の登場によって子どもは親を父親と母親とに分けて意識するようになる。そしてこの親の性別に従って子どもは自分の性をも意識するようになる。子どもは生まれた時から生物学的に性が決定されているが、しかし性を意識することはなかった。子どもは無性的存在、没性的存在だったのである。だが、このエディプス位相の段階で子どもは男性と女性という性別の役割を内面化するようになる。自分と同性の親をモデルとし、それに同一化（他者の行動様式、態度、属性を取り入れて、その他者と似るようになっていく無意識的過程）することによって性の役割を身につけていく。性の社会化である。男児は父親を同一化のモデルにして男性的行動様式を身につけ、女児は母親を同一化のモデルにして女性的行動様式を身につけていく。男児は男性である自分には適用されるが、女児には適用されない行動規範があることを知り、女児は女性である自分には適用されるが、男児には適用されない行動規範があることを知る。同性の親が「同性のモデル」であるのに対して異性の親は同一化すべきではないという「異性のモデル」なのである。同性のモデルと異性のモデルが対比的に示されることによって子どもは性の社会化を一層明確にし、促進していくのである。

　こうした過程を経て男児は父親をモデルとして男性としての行動規範（男性的役割）を内面化し、女児は母親をモデルとして女性としての行動規範（女性的役割）を内面化していく。では、男性としての行動規範、女性としての行動規範とは具体的にどのようなことなのか。

（2）父親と母親の役割

　小集団社会学者のベールズ（Bales, R. F.）は小集団の実験から集団を維持・存続していくためには「手段的役割」と「表出的役割」という２種類の役割が必要であることを見出した。手段的役割とは集団の課題を遂行していく役割であり、そのために集団の外から資料や情報を集団にもたらすという活動であり、表出的役割とは集団内の調和と調整を図り、集団の成員を融合し、統合する活動である。集団の課題を遂行していく過程においては成員間に緊張や疲労が生じるために、その緊張をときほぐし、疲労を癒して集団をまとめることが必要

だというわけである。こうした役割のリーダーシップを担う者をそれぞれ「手段的リーダー」、「表出的リーダー」という。パーソンズは、この理論を家族集団に適用し、父親が手段的リーダー、母親が表出的リーダーであるとした。父親は家族の外に出て働いて家族の生計を支えているのであり、母親は家族内の調和と調整を図っているからである。

　こうした役割分化は、性別に付与された社会的意味から生じており、家族集団だけではなく全体社会においても妥当する。だから家族集団のなかでの子どもの社会化過程は、すなわち全体社会における社会的役割の習得過程なのである。

　こうしたパーソンズの説に従って、これまでは課題遂行のために知識・技能を導入し、決定し、活動するのが男性的役割（手段的役割）であり、成員間の融和を図るために緊張を処理し、疲労を回復させ、癒し、統合するのが女性的役割（表出的役割）であるとされてきたのである。だが、今はしだいに変容しつつある。

（3）エディプス位相の危機

　しかしエディプス位相では女児よりも男児の方に危機的様相が生じやすい。女児の場合は同一化のモデルといっても前段階の愛着関係にあった母親がそのままモデルになるが、男児の場合は同一化のモデルを前段階の母親からあらたに登場してきた父親へと転換しなければならない。しかし父親の男性的役割の中枢は家族の外での仕事という職業的役割にあるから男児は父親との接触機会が少なく、そのために同一化の対象を父親へと転換させる機会が乏しいのである。具体的な同一化のモデルが眼前にはいないのである。むしろエディプス位相においても男児は依然として母親との接触の方が多い。そのためにエディプス・コンプレックスの方がエレクトラ・コンプレックスよりも危機的なのである。

　こうした性別分業論は、近年、男性優位とか役割の固定化という批判を受けているが、しかし理論の体系性のゆえに、またそれに代わりうるあらたな理論が未だ成立していないがゆえに現在にあってもなお影響をもち続けている。

⚛ 2．子どもの精神的自律 ⚛

　家族集団では父親が手段的リーダーであるところから父親が権威者となる。「権威」とは、地位や個人の属性など他に優越している価値を保持している者が、その優越的な価値が社会的に承認されているために他の人々を自発的に服従させることができるような能力をいう。裁判官の権威は地位に由来する権威であるが、経験や識見、技術、あるいは人格など個人の属性に由来する権威もある。

　父親は家族の生計を支えるために仕事をし、家族を庇護し保護しているという手段的リーダーであるから家族集団のなかで権威をもつようになるのであるが、そうした父親を子どもは権威としてとらえ、権威的人物とみなすようになる。

　一方、エディプス位相の段階（おおよそ3〜5歳の頃）になると、子どもには自我が芽生えてくる。自己中心的な自我である。また言語が発達し、運動機能は高まり、思考も論理的になり、行動範囲も拡大してくる。そのため子どもはさまざまなことについて自己中心的に欲求を満たそうとする。だが、親はそれを認めずに叱責したり注意したりする。だから子どもを統制するためには母親に代わってあらたな強要が必要となってくる。それが父親の権威だというわけである。それまで母親が演じていた自律的行動を要求する役割は父親に取って代わられる。だから父親ははじめから力をもった強要的な存在として、つまり権威者として子どもの前に登場するのである。この父親の登場に伴って母親は安定感・安心感や愛情関係といった情緒的側面に役割を集中させていくのである。

　こうして子どもはエディプス位相の段階になると自己の欲求・意志を主張し、親、つまり父親と対立・衝突することになる。これが「第一反抗期」である。しかしこの反抗を通して子どもは自他の区別をより明確化し、自律性を確立していくのである。精神的自律である。この精神的自律が「エディプス位相」の子どもの社会化の特徴であり、性別役割の学習と並んで、もう1つの飛躍的な

発達なのである。

❧ 3．きょうだいの存在：世代の社会化 ❧

　子どもが性別役割を獲得していくことは、同性の親と同じような行動様式を
とるようになることである。だが、その行動様式を成人的行動として行うこと
は早熟的な行動として両親から拒否される。男児が父親と同じような役割をと
って母親と接触したり、女児が母親と同じような役割をとって父親と接触した
りすることは家族集団の統合を崩すことになるからである。だから両親は子ど
もの早熟的な役割行動を拒否するが、そのことによって子どもは両親の力の優
位性を知らされる。子どもは優位者としての親の下位に位置する劣位者である
ことを知らされるわけである。

　しかしこのことによって子どもは自分と同列に位置する「きょうだい」の存
在を意識するようになる。きょうだいは両親と相対する自分と同じカテゴリー
の子どもなのだということを知るのである。この「きょうだい」という同世代
者を通して子どもは、その共有価値を内面化し、対等、平等・公平、公正とい
った感覚・観念を学んでいく。「世代の社会化」である。

❧ 4．潜 在 期 ❧

　次の潜在期の段階は異性の親に対する愛情が表面には現れない時期である。
そのために「潜在期」と呼ばれる。

　潜在期になると、子どもは、家族集団は性別と世代別によって父親、母親、
男児、女児という4つの要素から構成されていることを意識するようになる。
もちろん父親、母親、きょうだいの存在はもっと早くから意識しているが、各
人がそれぞれの役割を遂行することによって家族集団が構成されていることを
知るのは、この時期である。この潜在期は、学校生活の始まり、仲間集団への
参加など家族外での生活領域が拡大していく時期である。そのため家族のなか
での父親の役割や母親の役割が外部の社会でも同じであることを知るようにな
る。つまり一般的な意味での父親の役割、母親の役割を知るわけである。しか

し子どもはまだ家族外の世界と自力で相互関係を取り結ぶほどの能力はない。だから家族に全面的に依存しなければならないが、だからこそ子どもにとっては安定的な時期になるのである。

しかしこの段階では家族集団のなかでの、父親、母親、男児、女児という4つの役割に示された行動様式を子どもはほぼ内面化してしまう。だから家族集団のなかでの子どもの社会化の主要部分は、この潜在期までであるといってよい。

次の青年期になると仲間集団や学校集団が準拠集団となり（第1章）、また成人社会へと移行していく思春期危機に遭遇するようになる。そしてこれまで無批判的に依存していた親の権威に対して疑問をもつようになる。「第二反抗期」である。だがこの第二反抗期を経ることによって子どもはより強く精神的自律を遂げていく。そして成熟期は家族外での社会化、とく職業集団による社会化が進行していく時期になる（第二次社会化，第1章注(6)参照）。

■ 第4節　家族の変貌と子どもの社会化をめぐる諸問題 ■

1. 家族の形態と機能の変化

子どもは、家族のなかで、こうした基本的な社会化過程を辿るのであるが、しかし近年の家族の変貌とともにその社会化過程にもさまざまな問題が生じるようになった。近年の家族の変貌は形態と機能の側面からとらえることができる。

家族形態の変化は家族規模と家族構成の2つの側面から見ることができる。家族構成のもっとも顕著な変化は核家族化である。この変化の背景には、夫婦家族制の理念の浸透（戦後の民法改正による個人の尊重と両性の平等）、産業化と産業化に伴う都市化がある（1960年代）。産業化によって産業構造は第二次・第三次産業に比重が移ったが、これら産業は都市に集中しているから激しい都市化現象が生じ、大量の若年労働力が都市に集中し、そこで彼らは結婚し核家族を形成した。そして産業化は高度経済成長をもたらし、生活水準が向上した都市

層はマイホーム主義的生活様式を志向するようになり、核家族化をさらに推し進めていった。とくに1960年から1975年には核家族率が63.5％から74.1％と空前の伸びを示し「空前絶後の核家族率の急上昇」（森岡，1993，p.149）をみたのである。しかし、以後は50％台を推移し、2020年の核家族率は54.2％である[4]。ただし核家族世帯数は増加しており、1990年では2,421万世帯であったが、2020年では3,011万世帯となっている。このうち児童のいる核家族世帯数は1,792万世帯（1990）から1,895万世帯（2020）とやや増加したが[5]、比率では44％から34％に減少した。これは核家族と言っても夫婦のみの高齢者家族が大幅に増加したからである。だが、その児童のいる核家族世帯の内訳は、夫婦と子どもの家族が37.3％（1990）から25％（2020）に減少したのに対し、一人親と子どもの家族は6.7％から9％に増加した（総務省統計局，2021）。

　家族規模も縮小した。児童のいる世帯の平均児童数は1989年では1.81であったが、2021年では1.69となっている（厚生労働省，2022）。子どもの人数が少ないのは、今日では育児や教育に高額の費用を要するからであり、そのために親は少数の子どもに費用を注ぎ込もうと考えている。「少なく生んで良く育てよう」というわけである。これを一子豪華主義という。

　家族の機能も縮小化してきた。家族の、成員に対する対内的機能には、固有機能（性・愛情、生殖・養育）、基礎機能（生産と消費）、派生機能（教育、保護、休息、娯楽・信仰）があるとされていたが（大橋，1966，pp.57－64）、今日の家族には、固有機能と基礎機能の他には、休息という派生機能しかない。しかも家族に固有の養育機能さえ、今日では保育所に移行しつつある。パーソンズは今日の家族は子どもの第一次社会化と成人パーソナリティの安定化の機能に限定されるようになったと述べている（Parsons, T. and Bales, R.F., 1956, 訳書（上）1970, pp.34－36）。現代家族は生殖・養育という第一次社会化機能と愛情・休息というパーソナリティの安定化の機能に集中するようになってきたのである。

❧ 2．子どもの社会化をめぐる諸問題 ❧

こうした家族の変貌によって今、子どもの社会化にどのような問題が生じて

きているだろうか。主要な問題について簡潔に述べよう。

（1）父親不在と母子密着

父親不在というのは子どもが父親としての役割をもった父親と接触する機会がないということである。これには物理的不在と精神的不在とがある。父親は家の外の職場で仕事をするが、郊外化によって通勤時間が長くなったり、残業などによって帰宅時間が遅くなると子どもとの接触機会が限られてしまう。これが父親の物理的不在である。また近年の労働は頭脳労働化し、労働内容も専門化し、感情労働（自分の感情を抑制し、コントロールして顧客に合わせた態度を要求される労働）も増えてきた。組織的、対人関係的な労働が増えてきたのである。そのために精神的疲労や緊張が積もり、その癒しを父親は家族に求めるようになった（パーソナリティの安定化）。実際、職場での緊張と疲労が抜けないうちに父親的役割をもって子どもと接触するのは「しんどい」ことである。だから休日に家にいても自分の癒やしを第一とし、寝転んでテレビを見るのである。これが父親の精神的不在である。

今日の家族には、こうした父親不在のゆえに男性的役割モデルが喪失し、そのために男児はエディプス位相においても同一化のモデルがなく、性別役割を学習する機会がなくなった。

父親不在は、また家族のなかでの権威を喪失させる。権威的存在である父親との接触機会がなければ子どもは権威を知らず、そのために権威を受容し、権威に自発的に服従するという感覚を身につけることができない。権威は社会の成員を規範的な行動様式に同調させていく統制手段であり、その統制に社会成員がしたがうのは社会成員が権威を受容しているからである。しかし権威の受容と自発的服従という感覚がなければ、子どもは規範的な行動様式に同調しようとはしないし、同調できない。

こうした権威の喪失は子どもの精神的自律の機会をも喪失させていく。子どもは自我が発達してくると親の権威に反抗し反発し、それを契機として精神的自律を達成していくが、権威が喪失すれば反抗・反発の対象がなくなる。権威の喪失は、子どもの「権威からの分離」＝「精神的自律」の機会を奪ってしま

ったのである。

　こうした父親不在と権威の喪失は、その裏面において母子関係の密着化、母子一体化を強化する。そうなれば家族の中核は夫婦関係ではなく母子関係となる。親離れしない子、子離れしない母親といわれる今日の現象の背後には、こうした父親不在がある。

（2）母親の就業と父親の育児参加

　1985年に男女雇用機会均等法、1991年に育児休業法がそれぞれ制定され、女性の職場進出が急速に進んできた。そのため母親の就業も増えてきたから、これまで母親に偏りがちだった育児や家事の負担を夫婦で分担するべきだという機運が高まり、働き方改革へと繋がっていった。女性の活躍促進と労働力の確保・維持、両親による子どもの養育と愛着形成、男性の長時間労働の是正、男性の育児休業取得による家庭時間の増加などが問題とされるようになってきたのである。とくに男性の育児休業取得は法改正の実施によって促進された。女性の育児休業取得率は1996年にはほぼ半数（49.1％）だったが、2007年からは80％を超え、2021年では85.1％となっているが、男性のそれはきわめて低く1996年には0.12％、2007年は1.56％、2013年に2.03％、そして2021年では過去最高となったが、それでも13.97％である（厚生労働省, 2022）。男性正社員が育児休業を取らなかった理由は「収入を減らしたくなかったから」が32.4％、「職場が育児休業制度を取得しづらい雰囲気だったから」が25.0％となっている（三菱UFJリサーチ＆コンサルティング, 2019, p.156）。こうした現状を踏まえて2021年6月に改正育児・介護休業法が成立し、男性版産休制度が新設された（2022年10月より施行）。政府は2025年までに男性の育休取得率を30％まであげることを目標にしている。しかし、既婚男性を対象としたある調査によれば「父親も子育てに参加することは当たり前」とするのは9割（「とてもそう思う」47.1％、「どちらかといえばそう思う」43.5％）だが、「実際に育児に参加している」は6割（「よく参加している」13.6％、「まあまあ参加している」45.2％）であって（ナスタ, 2019）、育児に積極的参加の意思はあるものの、必ずしも参加行動に踏み切るところまでにはいっていない。

（3）しつけモデルの喪失

父親不在はしつけモデルの喪失をもたらす。現に父親的役割を遂行している父親との接触機会を子どもはもっていないから、とくに男児にとって問題となる。加えて近年はジェンダー的な考え方が広がり、これまでの生物学的性差に基づく「しつけ」の方向が受容されなくなった。父親的役割とか母親的役割と区別するのではなく親役割の強調である。こうなると男女の役割分担の境界が不明確になり、ボーダレス化して、性別役割の学習という従来の「しつけ」の方向性は曖昧となってくる。

（4）家族内人間関係の変化

子どもの社会化は人間関係を通して行われるから、核家族化し、小規模化した今日の家族のなかでは、祖父母や多くのきょうだいを含めた多様な人間関係を通しての社会化が行われなくなった。とくに出生児数の減少によって、きょうだい関係が成立しえないほどになっている。今は２人きょうだいが多いが、そのきょうだいの年齢には、計画出産によって一定程度の開きがあり（長子に手がかからなくなってから次子を出産）、そのために生育過程においてはそれぞれが、一人っ子と同じように大事に育てられている（一人っ子化，山村，1983，p.68）。だからきょうだい関係といっても「親密さのなかでの敵対・競争」（山村，2008，p.217）といった濃密な関係ではない。きょうだい関係による社会化も弱化しているのである。

（5）母親の育児不安

育児不安の問題も指摘されよう。一口に育児不安といっても、その内容はさまざまである。育児についての不快感情、子どもの成長・発達についての不安、母親自身の育児能力に対する不安、育児負担感・育児束縛感からくる不安という４タイプがある（住田，2001，pp.243-271）。育児はきわめて日常的、反復的な行為であり、しかも子どもは未だ言葉も話せないから母親は常に緊張と労力を要求される（育児についての不快感情）。また子どもの身体的成長や精神的発達といっても明確な基準はないから、母親は自分の育児が失敗していないかどうか常に不安に駆られることになる（子どもの成長・発達についての不安）。だからマス

コミ情報を判断基準にしたり、他の乳幼児と比較したりして一喜一憂するのである。だがそうした育児に対する不安は、自分の育児能力に対する不安になってくる（母親自身の育児能力に対する不安）。さらに育児に大きな負担感を感じ、自分の生き方、自由な行動を束縛しているという不満につながり、無力感を生む（育児負担感・育児束縛感からくる不安）。そしてこうした育児不安が幼児・児童虐待を生む土壌となるのである。

（6）子育てと教育の格差

かつて日本社会は一億総中流社会といわれた。しかし1990年代以降のバブル崩壊、その後の景気低迷、失業率の上昇、低賃金の非正規雇用者の増加などによって中流層は減少し、富裕層と貧困層との二極化が進んだ。とくに貧困層が大幅に増加した。全世帯のうち「生活が苦しい」（「大変苦しい」＋「やや苦しい」）とする世帯は2021年では53.1％と過半数に及び、「児童のいる世帯」に限れば59.2％、母子世帯にいたっては86.7％（但し、2019年）にもなっている（厚生労働省, 2022, 2020）。子どもの貧困率（17歳以下）も13.5％に達し、おおよそ7人に1人が貧困状態にある（厚生労働省, 2020）。

経済的理由のために子どもの生活や就学に支障がでてきていることはすでにさまざまな調査によって指摘されている。不十分な食事や栄養、発育や健康に対する懸念、文具や教材の不足など学習条件の不備、学業成績不振や学習意欲の喪失、進学の諦め、将来への期待喪失といったさまざまな子どもの問題が発生している。さらに後述のように新型コロナウイルス感染症の蔓延により、2020年より全国の学校に臨時休校措置がとられたが、そのために子どもは自宅学習を余儀なくされ、したがって自宅での学習環境、たとえばインターネット環境が子どもの学習状況を左右するようになった。経済的余裕があればネット環境も整い、子どもは学校のオンライン配信授業も受講できるし、また通塾に行って学習を進めることもできるが、経済的余裕がなければそうしたことは困難である。

子育てにおいても格差が生じている。保育サービスや塾・習いごとなどの早期教育を利用できるのは経済的に余裕のある層に限られる。可塑性と知的好奇

心の高い乳幼児期に子どもの可能性を高めようというわけだが、そのために経済的条件によって、いわば育児・教育投資型と育児・教育無投資型に分化されるようになった。

こうした問題の解消のために近年では、子どもに対しては学習支援、生活支援、経済支援が講じられ、また親に対しては自立支援や就労支援など生活安定化のための施策が講じられるようになった。

だが、家族集団は成員の生活保障を目的とするが、生活困難な家族が安定的な人間関係を取り結ぶのは容易なことではない。

（7）コロナ禍の子どもの生活

2019年末から新型コロナウイルス感染症が世界的規模で流行し、われわれの生活環境は危機的な状況下に置かれることになった。パンデミック（pandemic）である。深刻な感染病の大流行とか感染爆発を意味する。こうした危機的状況をコロナ禍と呼んでいる。コロナ禍における子どもの家庭生活も大きく変わり、さまざまな機関による調査も行われている。

中学2年生およびその保護者を対象とした内閣府の調査によれば（内閣府、2021，2715組の親子、回収率54.3%）、新型コロナウイルス感染症の蔓延によって学校が休校になる前と比較して、学校の授業以外で勉強する時間が「増えた」とする中学生は31%であるが、授業がわからないと感じることが「増えた」は26.4%、ひとり親世帯に限れば32.4%であって、中学生の自習の不安と困難さを示している。また学校の部活動や地域のクラブ活動の参加が「減った」のは68.9%で子どもの日常生活行動が大きく制限されているし、43.9%が夜遅くまで起きていることが「増えた」として生活リズムが乱れてきたことを示している。こうした生活変化のゆえに、イライラや不安を感じたり気分が沈むことも増えている（28.8%）。親についても、新型コロナウイルス感染症蔓延前と比較して生活が変化している。32.5%が収入が減ったとしているが、43.4%が支出が増えたとしており、生活が逼迫化、不安定化してきたことを示している。そのために36.1%がイライラや不安を感じたり気分が沈むことが「増えた」としている。ただ、子どもと話をする機会が「増え」ているのが33.6%で、親子の

コミュニケーションが円滑化していることを示しているが、反面、中学生という多感な子どもとの感情の行き違い、関係の煩わしさを厭って、イライラを感じる親もいるだろうし、あるいはそうした子どももいるだろう。

　また国立成育医療研究センターでは2020年4月から約2か月おきに全国オンライン調査を実施して子どもの生活変化を調べているが、その第7回調査報告書（2022年3月）では0〜1歳児の保護者（887人）にコロナ禍における子どもの家庭での生活・様子を聞いている。それによれば65％が「外遊びの機会が少ない」、48％が「テレビやタブレット・スマホを見る時間が長い」としている（複数回答）。また86％が「同居家族以外のおとなの口元を見る機会が少ない（マスクのため）」としている。ある保育園の園長は「マスクで顔の見分けがつかず、人見知りしない子どもが増えた」（読売新聞オンライン，2023）と述べているが、他の人の鼻や口元も見て人の表情や感情を学ぶ機会がないのだろう。また「同居家族以外の大人と触れ合う機会が少なく」（79％）、「同世代の子どもと触れ合う機会も少なく」（69％）、日常の生活関係が家族内に限定されていることを示している。

　ただし、こうした子どもの生活変化や生活関係の変化などが子どもの社会化にどのような影響を及ぼしているかは今後の継続的な研究に待たねばならない。

（藤井美保・住田正樹）

【注】
（1）家族は世代から見ると、2つのタイプに分けられる。子世代から見た、選択の余地なく運命的に所属させられる「定位家族」と親世代から見た、みずから配偶者を選択し、結婚して形成する「生殖家族」である。
（2）位相（phase）というのは、変化の過程における局面というほどの意味である。
（3）エレクトラ（Electra）もギリシャ神話に登場する娘。父親殺害の復讐のために弟とともに母親と愛人を殺害する。
（4）国民生活基礎調査では、核家族を夫婦のみ、夫婦と未婚の子、ひとり親と未婚の子、の世帯と定義している。単独世帯は含まれていない。
（5）児童とは18歳未満の未婚の者と定義されている。

【引用・参考文献】

国立成育医療研究センター，2022，『コロナ×子どもアンケート　第7回調査報告書』

厚生労働省，2020，『2019年　国民生活基礎調査の概況』

厚生労働省，2022，『2021年　国民生活基礎調査の概況』

厚生労働省，2022，『「令和3年度雇用均等基本調査」の結果概要』

三菱UFJリサーチ＆コンサルティング，2019，『平成30年度仕事と育児等の両立に関する実態把握のための調査研究事業報告書』

森岡清美，1993，『現代家族変動論』ミネルヴァ書房

森岡清美・望月嵩，1997，『新しい家族社会学［4訂版］』培風館

内閣府，2021，『令和3年　子供の生活状況調査の分析　報告書』

ナスタ，2019，『育児に関する意識調査』

大橋薫・増田光吉編，1966，『家族社会学』川島書店

Parsons, T. and Bales, R. F. 1956, *Family : Socialization and Interacton Process*, Routledge & Kegan Paul Ltd.（＝1970-1971，橋爪貞雄・溝口謙三・高木正太郎・武藤孝典・山村賢明訳『核家族と子どもの社会化』（上）（下）黎明書房）

清水幾太郎，1954，『社会的人間論』（但し1969年版）角川書店

住田正樹，2001，『地域社会と教育―子どもの発達と地域社会―』九州大学出版会

総務省統計局，2021，『令和2年国勢調査』

山村賢明，1983，『家庭教育』旺文社

山村賢明（門脇厚司・北澤毅編），2008，『社会化の理論―教育社会学論集―』世織書房

読売新聞オンライン，2023年2月11日，「脱マスク『生徒にも色々な考え方』『客同士でトラブル心配』『個人の判断』に困惑も」
（https://www.yomiuri.co.jp/politics/20230211-OYT1T50031/2/）

【ブックガイド】

●Bowlby,J., 1979, *Making & Breaking of Affectional Bonds*, Tavistock Publication.（＝1981，作田勉監訳『ボウルビイ　母子関係入門』星和書店）：愛着理論を提唱・確立した精神分析学者・心理学者のジョン・ボウルビイの母子関係の入門書。子どもの社会的・精神的発達にとって母子関係の重要性を述べたもの。

●住田正樹編著，2012，『家庭教育論』放送大学教育振興会／住田正樹編著，2010，『子どもと家族』学文社：いずれも家族のなかでの子どもの社会化と子どもの社会化をめぐる現代の諸問題が具体的に述べられている。

●山村賢明（門脇厚司・北澤毅編），2008，『社会化の理論－教育社会学論集－』世織書房：社会化の理論を中心に家族論、子ども論、子ども・青年研究、また教育社会学の方法論などについての著名な研究が収められている。

Chapter 3 仲間集団と子どもの社会化

第1節 子どもの仲間集団の特徴

　子どもの社会化過程における仲間集団の重要性は、人間発達に関する多くの学問領域において指摘されてきた。そのなかでも、もっとも可塑性に富み、仲間集団活動が活発な児童期の仲間集団の社会化および現代的課題について、本章では考えていくこととしよう。

　子どもも、3歳頃になって運動能力がつき、言葉もある程度使えるようになると、同じ年齢ぐらいの子ども同士で寄り集まって集団を形成し始める。それまで親の一部分であったような幼児が、この頃から親から分離して独力で歩み出し始めるのだが、それは大きな不安を伴うものである。その不安を楽しさで支えてくれるのが仲間である。最初は遊び相手の選り好みをしないが、徐々にグループを作るようになり、児童期の中頃から男女の遊びは分かれて——とくに、男子は女子を自分たちの集団に入れまいとして——年齢の近い同性の仲間集団（peer group）を形成するようになる。

　子どもの仲間集団の活動がもっとも活発な時期は小学校中学年から高学年にかけてであるが、この時期の子どもは親や教師の監視・支配を逃れて自立を望みながら、他方で、その行動を大人の模倣によって行おうとするアンヴィヴァレントな状態に置かれる。つまり、子どもが仲間とともに「子ども独自の世界」を形成して行動するのは、大人から自立したいが、個人として自立できるわけではない段階にあるためでもある。その過程で、親や教師よりも仲間の評価の方が重要だと感じるようになり、大人の説く価値規範よりも、仲間同士の文化やルールを自分の考え方や行動の準拠枠として採用するようになっていく。こうして、子どもは大人への全面的依存を徐々に断ち切り、行動面だけでなく

精神的にも自立するようになる。だから、人間の社会的発達という側面からみた場合、児童期・前青年期の特徴は、何よりも仲間集団への帰属・忠誠にあり、仲間集団における社会化にあるといってよい。

こうした子ども世界に没頭する時期を「ギャング・エイジ」（gang age）と呼ぶが、仲間と一緒に行う活動といっても、この時期の子どもの主たる関心は遊びであるから、ギャング・エイジとは「仲間と遊ぶ年齢段階」（小林，1968，p. 24）のことであり、子どもの仲間集団は遊戯集団（play group）の形をとることが多い。

ところで、ここでいう仲間（peer）とは、同世代の同等な地位にある、共通の関心によって相互に選択された親密な他人を指す（住田，1995，p.18）。そうした仲間との「われわれ感情」（we-feeling）が仲間意識であって、仲間意識を基底に形成された小集団を仲間集団という。こうした仲間集団は、家族集団や学校集団などの子どもが所属するほかの社会集団と比較すると、次のような特徴をもつ。

⚘ 1. 自然発生的集団 ⚘

子どもにとって、家族集団や学校集団は既成の集団であり、メンバーを自由に選ぶことはできない。それに対して、仲間集団だけが、自分の自由な意志・感情に基づいて形成されるインフォーマルな第一次集団（primary group）なのであって、子どもがはじめて経験する自然発生的集団である。とはいえ、いまだ発達の途中にある児童期にあっては、自発的選択といっても、実際には次の3つの条件に規定されることが多い。

まず第1に、子どもの仲間選択は、対面的（face-to-face）接触の頻度に規定される。家が近所であるとか、教室での座席や出席番号が近いといった地理的・空間的距離の近接性が仲間選択の一つの契機となる。第2に、母親同士が知りあいであるとか、同じ習い事をしているといった社会的要因があげられる。そして第3に、そうした偶然的条件のなかから、とくに、自分に対して肯定的な他者とか、あるいはよりいっそう好意的で魅力的な自己イメージを提供してく

れるような他者を仲間に選択する傾向がある。これを「累進的確認の原則」という が、逆に、自己イメージに対して同情的態度を示さない他者や攻撃的な他者に対してはできるだけ避けようとする（Gerth and Mills 訳書, 1970)。このように、子どもの仲間集団は、地理的要因、社会的要因と累進的確認の原則に規定された上で、子どもが自発的に選択できる集団である。

⚘ 2. 対 等 性 ⚘

　子どもの仲間集団は、だいたい近似的な者同士で形成される。大人の仲間集団が主に同等の社会的地位によって形成されるのに対して、子どもの仲間集団は、同世代で共通の関心をもつことが成立の条件となり、そうして集まった仲間集団は対等性を特徴とする。

　家族や学校、あるいはリトルリーグ野球やボーイスカウトといった成人の指導者のもとで形成されるフォーマルな活動集団は、権威をもつ大人が常に子どもの上に存在するので、いわば「タテの関係」であり、垂直的構造をもつ集団である。これとは対照的に、子どもの仲間集団は同世代の仲間を成員とするから、年齢・知識・技能は同等か近似的なレベルにあり、したがって成員は相互に自由で対等な関係にあって水平的構造をもつ。こうした「ヨコの関係」が強く働く仲間集団内では、対等であるがゆえに家族のような一方的な依存関係や甘やかしはなく、ギブ・アンド・テイクのドライなふるまいが要求されるので、子どもは自律的に行動しなければならない。

⚘ 3. 流 動 性 ⚘

　しかし、同じような者が集まるとはいえ、多様な子どもたちが群れを成して遊ぶのだから、そこには自然と統率力をもつリーダー格の子どもが生まれる。リーダー格となる子どもは、ほかの児童よりも身体的技能や腕力が勝っているとか、ほかの成員が恐れるような危険に立ち向かうとか、あるいは人柄が優れているといった優位性によって選ばれ、仲間集団の中核的メンバーとなる。そもそも仲間集団への参加は個々の自由意志に基づくのであるから、子どもはそ

の時の都合や興味・関心に従って、そのつど、寄り集って仲間集団を形成することになる。その意味で、子どもの仲間集団は、顔ぶれは一定であるものの流動的なのであるが、しかしそれでも仲間集団が成立し続けるのは、こうしたリーダー格の子どもを中心とした中核的成員がいることで凝集性が保たれるためである。

■ 第2節　子どもの仲間集団の類型：活動集団と交友集団 ■

　このように、子どもの仲間集団は、共通の目的・関心を契機に成立する小集団であるが、その目的・関心に応じて、仲間集団を2つのタイプに分けて考察することが可能である（住田，1995）。ひとつは、野球やバレーボール、サッカーなど、ある特定の具体的な集団的遊戯活動を目的として形成される仲間集団であり、これを「活動集団」という。もうひとつは、仲間との交流・活動による情緒的満足を目的に、親密な仲間だけで形成される「交友集団」である。活動集団は固定的で多数の同性のメンバーによって形成されるのに対して、交友集団は流動的で少数の同性の仲間で構成される。

　活動集団は、ある特定の遊戯活動に興味・関心をもつ子どもが寄り集まって形成されるのだから、そのメンバーは互いに仲間と承認しあっていても、必ずしも仲の良い子どもたちばかりとは限らない。たとえば、野球をして遊びたければ親しくなくても一緒に野球をするし、野球をするために集まったメンバーである以上、原則的に、野球以外の遊戯をすることはない。

　図3-1は、独楽回しを目的と

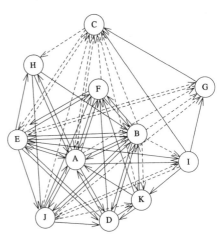

図3-1　活動集団のソシオグラム （住田，1995）

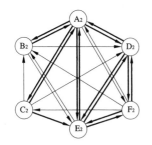

図3－2　交友集団のソシオグラム
（住田，1995）

する活動集団のソシオグラムであるが、「好き」を示す実線だけでなく、「嫌い」を示す破線も多く見られる。とくに、CとGの2人の子どもはほかのメンバーから良く思われてなく、そもそもC自身には、好きなメンバー自体がいないにもかかわらず、この仲間集団に加入していることがわかる。あるいは、AとC、CとE、EとG、IとJのように、互いに反目しあっているメンバーも同一の仲間集団のなかに含まれている。このように、活動集団は、そのメンバーが相互に無関心あるいは反発しあう関係にあったとしても、それ以上に集団的遊戯活動に対する関心や欲求が高ければ形成される遊戯集団なのである。

　これに対して、交友集団は仲間同士の親密性に基づく集団であるから、図3－2にみられるように、仲の良いメンバーのみで構成され（太線は「とても好き」）、その関係は安定的である。また、交友集団の目的は仲間との交流にあるので、遊戯活動の内容は仲間が集まってから、そのつど、メンバーの興味・関心に従って決められていく。したがって、遊戯活動の内容は特定化されていないし、あるいは、どのようなものであっても構わないのである。

　このように、この2つのタイプの仲間集団では、集団形成の目的や関心、成員の牽引性が異なるので、成員間の相互作用パターンについても大きな差異がみられる。

　図3－3と図3－4は、それぞれ活動集団と交友集団の内部相互作用の過程をプロフィールで示したものである。活動集団の遊戯活動は特定の集団的遊戯に限定されるので、その遊戯活動に関する各成員の知識・技能の優劣は明確であり、その優劣に基づいて暗黙のうちに成員の地位は序列化され、役割が分化し、リーダーが選ばれていく。活動集団内の相互作用で「示唆を与える」、「方向づけを求める」、「方向づけを与える」、「緊張解消を示す」という項目が多いのは、こうした役割分化を背景に、目的とする遊戯活動を展開するために必要

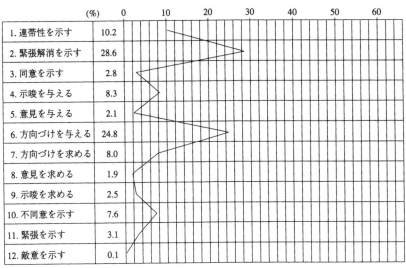

	(%)
1. 連帯性を示す	10.2
2. 緊張解消を示す	28.6
3. 同意を示す	2.8
4. 示唆を与える	8.3
5. 意見を与える	2.1
6. 方向づけを与える	24.8
7. 方向づけを求める	8.0
8. 意見を求める	1.9
9. 示唆を求める	2.5
10. 不同意を示す	7.6
11. 緊張を示す	3.1
12. 敵意を示す	0.1

N=671

図3－3　活動集団の相互作用のプロフィール（住田，1995）

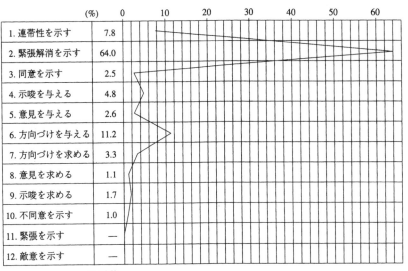

	(%)
1. 連帯性を示す	7.8
2. 緊張解消を示す	64.0
3. 同意を示す	2.5
4. 示唆を与える	4.8
5. 意見を与える	2.6
6. 方向づけを与える	11.2
7. 方向づけを求める	3.3
8. 意見を求める	1.1
9. 示唆を求める	1.7
10. 不同意を示す	1.0
11. 緊張を示す	—
12. 敵意を示す	—

N=1352

図3－4　交友集団の相互作用のプロフィール（住田，1995）

な命令・指示・情報交換といった示唆的・指示的コミュニケーション活動が、情緒的な緊張解消を伴いながら進行するためである。

　ところが、交友集団は、特定の集団的遊戯活動ではなく、親密な仲間同士の交流そのものを目的とした集団であるため、集団内での成員間の地位を認識する基準は明確でなく、冗談を言ったり、笑ったりといった「緊張解消を示す」情緒的コミュニケーション活動が相互作用の中心となる。

■　第3節　仲間集団と子どもの社会化機能　■

　活動集団であれ交友集団であれ、生涯を通じて行われる社会化のなかでももっともドラスティックな段階に準拠する集団であるから、子どもの社会化において重大な役割を果たすことになる。具体的には、以下のような社会化機能の諸点を導き出すことができる。

1.「他人性の存在」の経験

　子どもにとって仲間集団は、はじめて「他人性の存在」を経験する場である。
　仲間集団に所属するまで、子どもは、自分を全面的に庇護してくれる家族での生活経験しかなく、母親をはじめとして自分を取り巻く大人は自分に奉仕をするためにあるような錯覚に陥りやすく、したがって自己中心的である。しかし、仲間は同世代の対等な他人から選択されるので、家族のように常に自己を庇護してくれるとはかぎらない。むしろ、対等な他人であるために自己主張が衝突しやすく、遊びや遊び方をめぐって仲間同士で意見が対立したり、喧嘩が生じるといった緊張・葛藤の誘発要因を内包して仲間集団は成立している。しかし、こうした仲間同士の葛藤状態こそが、子どもが「他人性」を経験する絶好の機会となる。

　子どもは、自分の主張が仲間によって真っ向から否定されるという、これまでにないシビアな経験をすることで、仲間とは、自分とは異なるパースペクティブ（視角）をもつ独自の存在であること、つまり「他人」であるということ

に気づかざるをえない。自分と同じように独自の思考や感情、行為基準をもつ他人に気づき、自己意識のなかに「他人性の存在」が取り込まれることではじめて子どもは他人の権利を認めることができるようになっていくのである（Bossard and Boll, 訳書, 1971、小林, 1968、住田, 1995）。また、他人の存在を意識することは、鏡のように作用して、他人とは異なる「自己」の存在をより強烈に意識することにつながるので、他人の視点から自分を見つめることができるようになり、自我意識の形成が促進されることにもなる。

　こうして、子どもは自他の区別を明確に意識しながら、仲間集団の一員として集団活動を維持していくために、仲間（他人）の思考や行動を考慮しつつ、自分勝手にならないように自己を統制して、行動を選択し決断を下さなければならないことを理解するようになる。したがって、仲間集団で「他人性の存在」を経験することで、子どもは自己のパースペクティブを相対化させて自己中心性から脱却していくのであって、こうしてしだいに人間関係の調整能力を身につけていくようになるのである。

2．他律的道徳から自律的道徳へ

　また、子どもは仲間集団に所属することで、自律的に規則を遵守するようになる。仲間集団が形成されると、子どもたちは、遊戯活動や人間関係を円滑に進めるためにルールを設定し、独自の価値規範を共有するようになる。それがどのようなものであっても、仲間同士で自主的に作ったものである以上、その規則や規範もまた自律的に遵守すべきものになる。それまで子どもが善悪の判断や思考・行動の基準としてきた準拠枠は、親や教師といった上位者である大人から与えられたものであって、いわば権威によって子どもは規律づけられてきた。しかし、同位者である仲間同士で設定した規則は自主的なものであるから、それ自体が自律的に遵守すべき価値規範となり、ここに、他律的な道徳から自律的な道徳への移行がみられるわけである。

　しかも、仲間集団が仲間意識によって結束している集団であることから、そこで設定された規則もまた「われわれの規則」という自覚を成員に抱かせ、そ

れを遵守することで、さらに仲間集団への帰属・同調・忠誠が強まるようになる。仲間集団は、規則を遵守することを成員に要求するが、これを遂行している時、子どもはその仲間集団に深くコミットメントしている自己を見出し、集団に適合している自己に安心感や喜びを覚え、やがて仲間集団は子どもの居場所となっていくのである。

したがって、仲間集団における規則・規範を自分勝手に修正したり破棄する子どもに対しては、仲間はずしなど、なんらかの制裁が加えられることになる。たとえば、新入生いじめのような悪しき慣習であっても、仲間集団のなかに告げ口をタブーとする価値規範が広く備わっているので、子どもは親や教師に告げ口するよりも自分たちで解決しようとするのである。

3.「一般化された他者」の形成・変容

こうしてしだいに、仲間の評価や承認が、子どもの価値規範や思考・行動規準に与える影響のウエイトが大きくなっていくのだが、それは「一般化された他者」（generalized other）の拡大・変容を意味する。それまで、子どもの価値規範や行動基準は、家族内での社会化によって形成された「一般化された他者」によるところが大きかった。しかし、家族内で通用する価値規範が必ずしも外の世界で通用するとはかぎらず、子どもは仲間集団のなかで、それらがより広い社会のなかでも通用するか否かを試したり、その偏りや限界に気づいてそれらは是正されていく。精神医学者のサリヴァン（Sullivan, H. S.）が「児童期の重要性を強調しすぎるということはない。児童期こそ現実に社会人となる時期だからである」（Sullivan, 訳書, 1990, p.256）と指摘したのも、家族内で形成された価値観の歪みが正され、自分の言動の責任は自分にあることを知る最初の機会が仲間集団においてだからである。こうして、「一般化された他者」の修正・変容を積み重ねることで、子どもはだんだんと社会一般でも通用するような価値規範を習得して、自我を形成していくようになる。

しかし、仲間といっても全員が同等に重要なわけではない。そのなかでもとくに集団の中心的位置にあって、成員に制裁や指示を与えるようなリーダー格

の仲間が、子どもの自我形成においては重要な意味をもつ。このような他者を
ミルズは「重要で権威ある他者」(significant and authoritative others) と呼んだ
(Gerth and Mills, 訳書, 1970)。子どもの「一般化された他者」は、この「重要で
権威ある他者」の自己に対する評価と価値の結合から構成されているのであっ
て、リーダー格の仲間の期待と評価を内面化することによって、子どもは自己
統制や自己決定を行うようになるのである。

第4節　子どもの仲間集団の現代的特徴と課題

1. 仲間集団の変容

　以上のように、仲間集団は子どもの社会化において、家族集団や学校集団に
はない重要な役割を担うのだが、しかし現在、子どもを取り巻く社会状況の変
化によって仲間集団が変化しており、それは主に次の3つの側面からとらえる
ことができる。
　まず最初に、仲間集団の小規模化があげられる。少子化によって社会全体の
子ども数が減少しているのだから、地域社会のなかに遊び仲間を求めても限ら
れた相手しかいない。また、ひと家族あたりの子ども数（きょうだい数）が減少
したため、以前のように上の子が弟や妹のお守り役として小さい子を連れて遊
びに加わっているうちに、自然に年長児と年少児の間につながりができたとい
う状況も生まれにくくなっている。きょうだいで遊びに参加することによって
異年齢・異性の子どもが含まれるので、遊び集団は、異質性の高い、規模の大
きなものになっていた。しかし現代の子どもはそうした機会が減少しているの
で、遊び集団は同年齢・同性で構成されやすく、同質的で規模が小さくなりや
すい。さらには、仲間の同年齢化は同じクラスの級友同士で友だち・仲間集団
をつくるという同級生化の方向へ進んでいる。子どもの仲間集団は、自発的選
択性に基づく自由な集団であるが、しかしそれは累進的確認の原則の上での選
択である以上、自己を肯定してくれるような他者を積極的に選択することにな
る。地域社会の脆弱化によって、子どもは近隣集団のなかではなく学校集団の

表3－1　子どもの遊び場（文部科学省，2006）

(%)

	平日放課後	土日
自分の家	62.9	62.0
友達の家	39.7	28.3
近所の道・神社、寺	5.7	5.2
海、山、川などの自然	1.3	7.6
コンビニ、ファストフード、近所の店	4.3	9.9
ゲームセンター	1.6	3.4
児童館	10.8	5.7
公民館、図書館、博物館、美術館	2.7	4.9
学校	33.4	25.4
公園、原っぱ、空き地	27.0	27.5
そのほか	4.9	10.6

（注）N＝2,953、小学校2・5年生と中学校2年生を対象。平成17年度文部科学省委託調査

なかに仲間を探すようになってきたが、そのなかでも接触頻度がもっとも高いのは同級生だから、そのなかから自己に対して好意的な態度をとる他者を仲間に選ぶのである。

次に、都市化・工業化の進展によって、遊び空間が大きく制限されてきたことがあげられる。とくに、ギャング・エイジの子どもたちが好むような冒険心・探求心をくすぐるような自然の遊び場や広い空間が減少し、また地域社会の衰退によって安全性の問題が生じてきた結果、子どもの遊び場は「自分（友達）の家」や「学校」といった建物のなかや家の周辺に移動してきた（表3－1）。ただしこれは、遊び場の縮小という環境の問題だけでなく、子どもの生活時間の変化によるものでもある。現在、子どもの多くが学校から帰宅後に学習塾や習いごとに通っており、複数の習いごとをしている子どもも少なくない（表3－2）。

子どもはそれぞれに違う塾や稽古に通うだろうから、その曜日や時間帯も異なる。そうすると、子

表3－2　学校外学習活動の状況（文部科学省，2008）

(%)

区分	学外学習活動をしている	（うち、複数実施）	（うち、通塾率）
小学1年生	75.4	38.0	15.9
小学2年生	80.2	39.2	19.3
小学3年生	84.3	41.2	21.4
小学4年生	83.9	42.5	26.2
小学5年生	83.7	44.8	33.3
小学6年生	81.4	44.9	37.8
中学1年生	72.8	40.2	45.1
中学2年生	74.3	35.9	50.9
中学3年生	81.0	31.3	65.2
小学生平均	81.6	—	25.9
中学生平均	75.9	—	53.5

※「学校外学習活動」＝習いごと、学習塾、家庭教師、通信教育

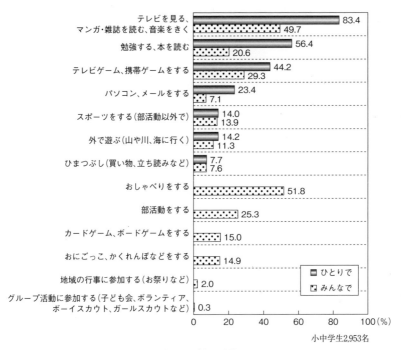

図3－5　放課後の子どもの活動（文部科学省，2006）

どもの間で集まって遊ぶための共通の時間帯をもつことが難しくなる。また、子どもは1日の大半を学校で過ごしており、終業時間は学年ごとに異なるので帰宅時間もそれぞれに異なり、同じ近隣地域に住む子どもであっても接触の機会が少ない。だから、「おにごっこ、かくれんぼなどをする」（14.9%）や「外で遊ぶ（山や川、海に行く）」（11.3%）よりも、少人数で、あるいは細切れの時間を縫うようにして遊ぶことの可能な「おしゃべりをする」（51.8%）とか「テレビを見る」（49.7%）、「テレビゲーム、携帯ゲームをする」（29.3%）といった遊びが重宝されるのだろう（図3－5）。こうした遊びは、家の外に出て遊び相手を探す手間を省かせるし、そもそも必ずしも友だちを必要としない。

ᘳᘰ 2．仲間集団の社会化の問題 ᘰᘳ

　このように、仲間集団を形成する3要素である「仲間・空間・時間」──3つの間があるから「サンマ」──の減少によって子どもの仲間集団は変容してきたが、それらは子どもの社会化に対する仲間集団の社会化機能の低下をもたらすことになる。

　まず第1に、それは仲間集団の多様性の喪失を意味する。子どもは仲間集団のなかで自分とは異なる「他人性の存在」に出会うことで、自己を相対化させて、他人を考慮した自己統制（self-control）の必要性を理解するようになる。集団の規模が大きく、しかも多様な個性をもつ仲間集団であればあるほど、子どもが経験する「他人性の存在」は強烈なものとなり、自他の区別はより明確になり、その経験の蓄積は幅広い「他人の権利」の承認へとつながっていくわけである。とくに、大人数・異年齢で行う活動的な遊びでは個々人の自分勝手な感情を抑える必要性が生じる。それとは対照的に、少人数の仲間集団は多様性に乏しく、好き嫌いという主観的要素が重視されやすい。

　第2に、仲間集団の凝集力の低下の問題がある。同年齢化した仲間集団では、メンバー同士の間で知識・能力・体力の差はほとんど生じないので、「重要で権威ある他者」であるリーダーは生まれにくい。また、現代的傾向として、同級生のみで仲間集団を形成する方向にあるが、これは、クラス替えを契機に仲間集団が形成されたり消失することを意味し、その仲間集団は凝集力の低いものとなることを示す。一般に、凝集力の低い集団は、個々のメンバーに対する統制力・拘束力も弱い。本来、子どもの仲間集団は、その統制力をもって集団独自の規範にメンバーを従わせ、そうすることで大人の権威への全面的依存状態から脱して、より自律的な道徳へと子どもを社会化する役割をもっている。したがって、仲間集団の凝集力が低下し、統制力が弱まることは、そうした社会化力の脆弱化を意味する。

　そして第3に、仲間集団の狭小化による問題があげられる。自己に肯定的な他者ばかりを仲間に選択する傾向は、子どもが仲間から否定的評価を受ける機会を乏しくさせる。仲間から否定的な評価を受けることで、子どものあいだに

は対立が生じるが、しかしこうした対立を通して子どもは自他の意識をいっそう鮮明にし、仲間のパースペクティブを考慮せざるをえない状況に追い込まれることになる。自分とは異なる見方や考え方をする仲間との相互作用を重ねるにつれて、自分自身の考え方の限界が理解できるようになり、自己中心的観念を脱却して、より包括的・客観的なパースペクティブを取得することにつながるのである。簡単にいえば、「一般化された他者」の変容であるが、しかし、否定的評価を受ける機会の減少は、こうした「一般化された他者」の変容を鈍化させる。

　ギャング・エイジの子どもは、本来、思う存分身体を動かすことのできる遊びや、それを可能とする広い空間や冒険心を満たすような場所を好むものである。また、仲間との遊びを通して、社会的能力・運動能力・知的能力を鍛え、とくに社会性と自律的道徳の習得において著しい発達をみせるのであるが、しかしだからといって、子どもがそれを意識しているわけではない。ひたすら面白いから遊んでいるのであり、それが自発的に、自由に行われているところに仲間集団の遊びの本質がある（藤本, 1974）。地域社会を徘徊しながら、遊びを通してさまざまなタイプの子ども・大人に出会い、他人の権利を認めることを覚え、子ども独自の世界で自律的道徳性を身につけていくのであるが、仲間集団が小規模化、同質化するということは、より広い社会に出るまでの子どもの試行錯誤する過程の狭小化を意味するといえるだろう。

（田中　理絵）

【引用・参考文献】

Bossard, J. H. S. and Boll, E. S., 1966, *The Sociology of Child Development (4th),* Haper & Row Publishers. (＝1971, 末吉悌次監訳『発達社会学—幼児期から青年前期まで—』黎明書房)

Cooley, C.H. 1909, *Social Organization: a study of the lager mind,* Charles Scribner's Sons, (＝1970, 大橋幸・菊池美代志訳『社会組織論』青木書店)

Fine, G. A., 1987, *With the Boys: Little League Baseball and Preadolescent Culture,* The University of Chicago Press. (＝2009, 住田正樹監訳『リトルリーグの社会学—前青年期のサブカルチャー—』九州大学出版会)

藤本浩之輔, 1974, 『子どもの遊び空間』NHKブックス

Gerth, H. H. and Mills, C.W. 1953, *Character and Social Structure: the psychology of social institutions*, Harcourt, Brace & World.（＝1970，古城利明・杉森創吉訳『性格と社会構造─社会制度の心理学─』青木書店）

小林さえ，1968,『ギャング・エイジ─秘密の社会をつくる年頃─』誠信書房

文部科学省，2006,「地域の教育力に関する実態調査」

文部科学省，2008,「子どもの学校外での学習活動に関する実態調査」

Sullivan, H.S. 1968, *The Interpersonal Theory of Psychiatry*, W W Norton & Co Inc.（＝1990，中井久夫・宮崎隆吉・高木敬三・鑪幹八郎共訳『精神医学は対人関係論である』みすず書房）

住田正樹，1995,『子どもの仲間集団の研究』九州大学出版会

【ブックガイド】

●住田正樹，2000,『子どもの仲間集団の研究（第2版）』九州大学出版会：ギャング・エイジを中心に、子どもの仲間集団に関する優れた国内外の学術的先行研究を網羅し、著者自身の丹念な調査に基づく、現代日本の子どもの仲間集団の実証的・理論的研究のもっとも基礎となる研究書である。

●藤本浩之輔，1974,『子どもの遊び空間』NHKブックス：子どもの発達における「遊び」「仲間集団」のもつ意味を、子どもたちの遊び調査から具体的に解き明かした研究書。高度経済成長期を経て子どもの遊びの形態が変化してきた様子がわかり、参考になる。

Chapter 4 近隣集団と子どもの社会化

　子どもは、多くの人々とかかわりをもっていくなかで、社会的な規範を身につけていく。本章は、そのなかでも、子どもが近隣に居住する大人との関係を通してどのように発達していくかという近隣集団のなかでの子どもの社会化の様相について考察する。こうした近隣集団の社会化機能は、ほかの社会集団の社会化機能と比較すると、他人性と多様性に富んでいる点で特徴的である。しかし、現代の日本社会においては、近隣集団での多様な社会化経験の機会が少なくなっているといわれており、改めて、こうした課題について考察する。

第1節　近隣集団の定義と社会化機能

1. 近隣集団の定義

　近隣集団とは、①居住地が近接していることを契機に成立し、②日常的かつ対面的な接触が可能な社会集団である。いわゆる「ご近所」同士の人間関係を基盤として成立している地縁に基づく基礎集団なのである。

　こうした近隣集団の人間関係は、同じ社会化エージェント（社会化機関）であっても、たとえば、家族集団の人間関係と比較すると、成員の選択が可能だという点で大きく異なっている。子どもにとって定位家族の家族員は運命的で選択不可能であるが（第2章参照）、近隣集団の成員は選択可能である。また、学校集団の人間関係と比較すると、近隣集団の成員同士の関係はインフォーマルである点が異なっている。子どもにとって、学校の人間関係は教育の場としての秩序と規律に従うことが求められるフォーマルな関係であるが、近隣集団のメンバーは日常的に顔を合わせる自然発生的でインフォーマルな人間関係となっている。クーリー（Cooley, C. H.）は近隣集団を第一次集団の例にあげている

拘束的他者

	(Ⅳ)	(Ⅰ)	
フォーマル な関係			インフォーマル な関係
	(Ⅲ)	(Ⅱ)	

選択的他者

図4－1　子どもの社会化形態
（住田，2001，p.18）

（第1章参照）。

　このように社会集団のなかの人間関係を他者（成員）の選択の可能性の有無およびフォーマル－インフォーマルという2つの次元に区分し、これを軸として組み合わせると子どもの社会化形態は図4－1の（Ⅰ）～（Ⅳ）のように、4つのタイプに類型化することができる（住田，2001，pp.17-19）。選択可能な他者を選択的他者、選択不可能な他者を拘束的他者という。

　図4－1の、それぞれの子どもの社会化のタイプを見ていくと次のようになる。

　（Ⅰ）選択不可能な拘束的他者とのインフォーマルな関係による社会化のタイプ。これには家族集団などが該当する。定位家族の場合、子どもは選択の余地のない運命的な家族との関係のもとに置かれる。この親子関係は、基本的には、愛情に基づく保護・養育が保障された親密な関係であるため、インフォーマルな関係であるといえる。

　（Ⅱ）選択的他者とのインフォーマルな関係による社会化のタイプ。近所のおじさんやおばさん、友だちのお父さんやお母さんといった人間関係により成立する近隣集団は、ここに該当する。子ども同士の仲間集団も、ここに入る。ただ同じタイプであっても子どもの仲間集団は同世代の他者との親密な仲間関係から成り立っているから、仲間集団の社会化機能は、近隣集団よりもはるかに強い。

　（Ⅲ）選択的他者とのフォーマルな関係による社会化のタイプ。ここには地域子ども会やスポーツ少年団など、子どもにとっては地域社会において組織されている教育的なフォーマルな集団が該当する。こうした組織的集団を、地域集団という。大人の組織であれば自治会や婦人会などがある。子どもにとって地域集団は本来は加入が自由な随意集団であるから成員は選択的であり、このタイプに属する。しかし随意集団であるとはいえ、地域子ども会のように地域の子どもたち全員が加入している場合もある。地域のフォーマル集団は一定の目的をもち、そうした目的にしたがって集団活動が展開されるから人間関係は、

基本的にはフォーマルなものといえる。

　（Ⅳ）拘束的他者とのフォーマルな関係による社会化のタイプ。これには学校集団やその下位集団としての学級集団が該当する。学校における教師との関係（垂直的関係）も他の生徒との関係（水平的関係）も子どもにとっては選択の余地はない。学級集団の成員として子どもは教師との関係や他の生徒との関係交渉を余儀なくされる。また、学級集団には体系的な知識を一斉教授する場としての秩序や規律が明確に存在するから、その人間関係は基本的にはフォーマルなものとなる。

　近隣集団（Ⅱ）と地域集団（Ⅲ）は、ここで規定したこと以外にもさまざまに定義されることもあるが、ここでは、前者（近隣集団）を地縁的な契機に基づいて形成されるインフォーマルな関係からなる集団、後者（地域集団）を地縁的な契機に基づいて形成されるフォーマルな関係からなる集団として区別しておく。

　さて、このような近隣集団は、居住地近辺という地理的要素と日常的な対面的相互作用が可能な対人関係によって規定される地縁的な社会集団である。そのため交通手段が発展することによる近接地域の拡大や、日常的な社会関係の範囲をどのように設定するかによって、その内実も大きく変わる。しかし、子どもの日常生活を考えてみれば、一定の地域的範囲を越えることはない。子どもたちの日常的な直接的人間関係の範囲を考えれば、おおよそ小学校の通学区がその具体的な地理的範囲といえるだろう。本章ではその範囲内に居住している人々をメンバーとする集団を近隣集団ととらえ、子どもの社会化に焦点をあてて考察を進めていく。

✿ 2．近隣集団における人間関係 ✿

　近隣集団は異なる２種類の人間関係から成立している。１つは近隣関係であり、近所の大人同士の関係である。大人同士の関係なので近隣関係は、対等な水平的関係である。もう１つは近所の大人と子どもとの関係という隣人関係である。これは子どもと大人という社会的勢力の差を伴う関係であるから垂直的関係となる。近隣集団の子どもの社会化機能について考察を進めていくために

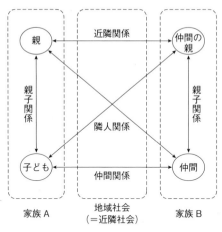

図4−2 子どもの居住生活関係 （住田，2001，p.41）

は、この近隣集団内の2つの人間関係を区別しておくことが必要である。これを図示すると、図4−2のようになる。

しかし、子どもの社会化における隣人関係を詳しくみていくためには、住田のいうように子どもと大人の関係を、子どもの側からみた「子ども―隣人関係」と、大人の側からみた「隣人―子ども関係」に区別する必要がある（住田，2001，p.214）。

図4−2からわかるように、隣人関係は地縁に基づく子どもと大人との人間関係である。子どもにとって隣人関係は、仲間関係と同じく選択的他者とのインフォーマルな関係であるが（図4−1参照）、仲間関係という同世代の水平的関係とは異なり、大人と子どもという垂直的関係である。しかも隣人関係は、親子関係のような愛情や庇護・養育に基づいた関係でもなく、子どもに対して教育・指導するという関係でもない。このため近隣集団は、家族集団や学校集団、仲間集団とは異なる特徴をもった人間関係の場を提供し、異なった社会化機能をもっていることになる。

3．近隣集団における社会化機能

近隣集団は、先に述べたようにクーリーが子どもの社会性の形成、すなわち子どもの社会化にとって第一次的に重要な意味をもつとして第一次集団の例としてあげている集団である（Cooley,C.H.，1909，訳書，1970，pp.26-27）。近隣集団は居住地の近接と継続的な対面的接触による隣人同士の関係を基盤にして成立した集団であり、同じ社会化エージェントであっても、家族集団や仲間集団、学校集団とは異なっている。

近隣集団が、他の社会化エージェントと大きく異なっている点は、子どもの相互作用の相手が隣人というところにある。隣人は大人なので、子どもとは垂直的な関係にある。また、隣人は、子どもにとって接触頻度の高い親や教師などとは異なり、生活様式や価値観、思考、行動などが多様である（多様性）。近隣集団では子どもは、そうした多様な近隣の大人を相互作用の対象としているのである。と同時に子どもにとっての隣人は、同じ大人であっても家族集団の親や学校集団の教師とは異なり、愛情や庇護・養育に基づいた関係でもなく、子どもに対して教育・指導するという関係でもない、いわばまったくの他人なのである。大人であっても近隣の子どもを庇護・養育し、教育・指導するというような関係にはない。もちろん大人と子どもの関係であるから子どもを庇護し、保護し、指導する関係であることが望ましいには違いないが、しかし隣人はそうした関係であることから自由であり、そうした関係の義務はない。隣人と子どもの関係は、大人と子どもの関係であっても、本来は他人同士の関係なのである（＝他人性）。このように子どもの社会化エージェントとしての近隣集団は、多様性と他人性という関係として特徴づけられる。

　したがって多様性と他人性を特徴とする近隣集団のなかでの子どもの社会化は、家族集団の親子関係を通しての社会化や学校集団のなかでの教育者－被教育者といった関係を通しての社会化のように、常に肯定的な関係に基づいた社会化とは異なる。くり返し述べるように、家族集団にしろ学校集団にしろソーシャライザーである親や教師は常に子どもを支持し、庇護する立場にあるが、近隣集団のなかでのソーシャライザーである隣人は、子どもにとっては他人であり、子どもを支持・庇護することから自由である。だから近隣集団のなかでは子どもは、大人と子どもの関係であっても、他人同士の関係となるし（他人性）、しかも隣人は上述のように生活様式に多様性をもつ。だから近隣社会にはさまざまな価値や態度、行動が交錯しているといってよく、まさに子どもにとっては近隣社会は現実社会の縮図なのである。だから家族集団や学校集団のなかでは子どもは常に肯定的な関係のなかに位置づけられてきたが、近隣集団のなかでは、その他人性と多様性のゆえに、肯定的な関係ばかりでなく、否定

的な関係をも経験することになる。隣人は、同じ大人であっても親や教師とは異なり、子どもに対して冷たい表情や態度を示し、無視、無関心、拒否といった否定的な態度を示すこともある。近隣集団のなかで子どもは、肯定的関係から否定的関係に至るさまざまな人間関係を経験するのである。否定的な関係であっても子どもは、その隣人である大人の無視や無関心、拒否といった態度やそうした経験を自分の内面で調整し、克服することによって、より普遍的な方向に向けて社会化されていくのである。

　こうしたさまざまな性質の人間関係、つまり相互作用を通して子どもは近隣集団のなかで社会化されていくのである。

第2節　現代社会における近隣集団の実態

　一般的に現代の日本社会においては、近隣集団の社会化機能の弱体化が指摘されている。「地域に子どもを返しましょう」とか「地域の教育力、地域の受け皿が大切なのです」など標語のような言葉は、結局、近隣集団の社会化機能が弱体化したことを前提としている。そこで本節では、隣人と子どもとのコミュニケーションの実態をみていく。

1．隣人―子ども関係

　隣人関係における「隣人―子ども関係」は、近隣の大人たちの側からみて子どもとどのような関係を取り結んでいるのかに焦点を当てている。

　図4－3は、保護者に地域の子どもとのかかわりについて尋ねた結果である。各項目について「積極的にしている」、「時々している」、「あまりしていない」、「まったくしていない」のなかから1つ選択させている。「積極的にしている」項目のうち「道で会ったとき声をかける」は39.2％、「悪いことをしたので、しかったり注意する」13.1％、「良いことをしたので、ほめたりごほうびをあげる」は10.4％となっている。これに「時々している」を加えると、それぞれ85.2％、61.1％、52.9％である。したがって「隣人―子ども関係」は親密な関

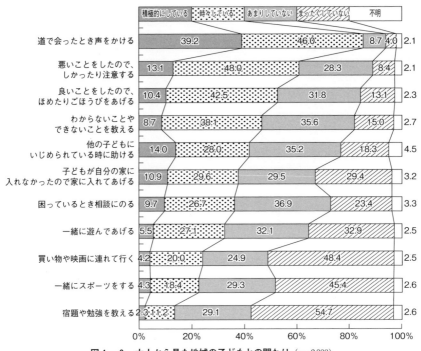

図 4 - 3　大人から見た地域の子どもとの関わり　(n＝2,888)
(文部科学省委託調査報告，2006)

係とはいえないものの、広く面識的な関係の段階にあるといえよう。

🍃 2. 子ども―隣人関係 🍃

　隣人関係における「子ども―隣人関係」は、子どもの側からみて、近隣の大人とどのような関係を取り結んでいるのかである。

　図 4 - 4 は、子どもから見た家の近くにいる大人とのかかわりである。各項目について「よくされる」、「時々される」、「あまりされない」、「まったくされない」のなかから1つ選択させている。もっとも多いのは「近所の人に道で会ったときに声をかけられる」で、「よくされる」が35.6％、「時々される」が38.9％、合わせて74.5％となっている。しかし過半数を超えるのはこの項目だ

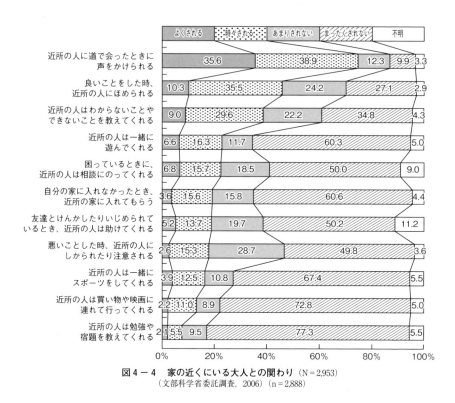

図4－4　家の近くにいる大人との関わり（N＝2,953）
（文部科学省委託調査，2006）（n＝2,888）

けである。

　「隣人―子ども関係」において比率の高かった項目に対応した子どもの側の項目、すなわち「悪いことをした時、近所の人にしかられたり注意される」や「良いことをした時、近所の人にほめられる」は、「時々される」を合わせても、それぞれ17.9％、45.8％でしかない。対応する項目であるにもかかわらず、隣人と子どもとの間に大きな差異がある。

　表4－1は、隣人と子どもとの関わり方について隣人と子ども双方のそれぞれの回答の違いを見たものである。すべての項目で大人が「している」と回答した割合は高いが、子どもが「されている」と回答した割合は低く、右欄にあるように大人と子どもの間には大きな認識の差が生じている。これは地域の大

表4−1　関わり方についての大人と子どもの回答の違い（大人N＝2,888、子どもN＝2,953）
（文部科学省委託調査報告，2006）

	大人がしていると答えた割合（「積極的にしている」と「時々している」の合計値）	子どもがされていると答えた割合（「よくされる」と「時々される」の合計値）	大人と子どもの認識の差
悪いことしたので、しかったり注意する	61.1	17.9	43.2
他の子どもにいじめられている時に助ける	42.0	18.9	23.1
子どもが自分の家に入れなかったので家に入れてあげる	37.8	19.2	18.6
困っているとき相談にのる	36.4	22.5	13.9
買い物や映画に連れて行く	24.2	13.2	11.0
道で会ったとき声をかける	85.2	74.5	10.7
一緒に遊んであげる	32.6	22.9	9.7
わからないことやできないことを教える	46.8	38.6	8.2
良いことをしたので、ほめたりごほうびをあげる	52.9	45.8	7.1
一緒にスポーツをする	22.7	16.4	6.3
宿題や勉強を教える	13.5	7.6	5.9

人が対象とはいえ、実際には調査対象である子どもの保護者を対象としているからである。隣人とはいえ保護者であるから、近隣の子どもとは自分の子どもと同じ学校の児童・生徒であることが多いだろうからすでに面識はある。だから声をかけやすい。しかし子どもの方は、隣人を保護者に限定していない。子どもにとって隣人とは保護者とはかぎらず、つまり自分と同じ学校の児童・生徒の保護者とはかぎらず、当然、子どものいない大人も含む。だから保護者を隣人とした「隣人―子ども関係」は積極的で親密な関係になるが、保護者でない一般の大人をも隣人とする「子ども―隣人関係」では、「隣人―子ども関係」ほどに積極的ではなく、親密でもないということになる。

　したがって全般的に見れば、今日の子どもと隣人との関係は、表4−1の「道で会ったときに声をかける」の項目ように、だいたいは「挨拶程度」の面

識的段階の関係だといえるだろう。

　このように近隣集団のなかでの子どもと隣人の関係が面識的段階であるとすれば、近隣集団が子どもの社会化エージェントとして必ずしも有効に機能しているとはいい難い。とはいえ、隣人は大人であり、しかも親や教師とは異なり他人であるから子どもに対してはシビアであり、したがって隣人という圧倒的な社会的勢力差をもつ大人からのサンクションは、子どもが行為の準拠枠を決定していく上できわめて強い力をもつ。だから面識的段階にあっても、子どもに対する統制力は強く、時に子どもに対するただ一言が子どもの態度や行動に影響を及ぼすこともある。子どものある行動を見とがめて隣人が一言「止めろ」といえば、子どもはその一言に衝撃を受けるだろう。だから面識的段階にあっても子どもを強く統制することもある。

　常に温かい態度で子どもと接する親や教師が日常生活のなかで漸次的に子どもを社会化していくのに対して、隣人は日常的に接触する機会はないものの、時に冷たく、冷静な態度で子どもに接し、子どもの態度・行動を即刻に統制することもある。しかし、そうした隣人の指示内容を子どもがそのままに内面化するとはかぎらない。一時的に隣人に従うだけのこともある。そうとすれば社会化機能は働いていないことにもなる。

　こうした事実は、また家族集団や学校集団では親や教師の目が行き届いて、日常的に子どもを監督していることを示しているが、近隣地域とか地域社会では親や教師の目が行き届いておらず、子どもを監督するような大人がいないことを示している。

　だが、逆に見れば、それは近隣地域や地域社会が子どもにとって自由に過ごせる空間になっているともいえる。そうした大人の目の届かない自由な空間で子ども同士が自由に行動することは、子どもの自律性の育成という点では子どもの社会化を進めていく有効な機会であるといえる（第3章を参照）。ただし子どもの自由な行動を放任しておくのではなく、隣人は、同じ近隣地域に居住する子どもの背後にいて、子どもを見守るという姿勢が必要だろう。

第3節　地域社会における子どもの社会化

1．近隣集団と地域集団

　地域社会を子どもの社会化エージェントという側面からみると、近隣集団と地域集団が存在する。これまで見てきたように近隣集団のなかでの子どもと隣人との関係は、だいたいが面識的段階でしかないから、近隣集団が日常生活のなかで子どもの社会化を漸次的に進めているとはいい難く、有効な社会化エージェントとして機能しているとはいえない。では、地域社会のなかのもう1つの社会化エージェントである地域集団はどうであろうか。以下では、地域集団の社会化機能について若干考察していく。

　そもそも人間の社会において、第一次産業が主たる産業であった頃には、地域社会は人々の労働と生活の場そのものであったため、近隣集団や地域集団は成員の形成する価値・規範や慣習にきわめて大きな影響力をもっていた。しかしその後、第二次産業や第三次産業が発展するのに伴い、人口移動が激しくなり、人々の生活は、しだいに地域社会から離れていった。産業化・工業化の進んだ都市への人口集中や、高等教育機関の集中する都市への青少年人口の移動が激しくなれば、生まれ育った地域を離れる人々が増加する。その結果、農村においても都市においても、地域社会は絶えず変動過程にあって人間関係が安定化することはなく、希薄化していく。同時に、それが近隣集団の社会化機能の低下をもたらしたのである。

　その一方で登場してきたのが、限定的な役割を果たす地域集団である。もともと地域集団は子どもの社会化を目的としているわけではない。また、地理的な居住の近接性という条件も、他人性という特徴も、近隣集団とは、ずいぶん異なってくる。しかし現在では、これまでの子ども会や育成会のような地域組織だけではなく、町内会や自治会といった地域集団が子どもの社会化エージェントとしてさまざまな活動を展開するようになり、社会化機能をもつようになってきた。

2. 地域集団と子どもの社会化

地域集団の、子どもを対象とした活動は、戦前から展開されていたが、とくに1970年代頃から子どもの遊びやスポーツなどに関わる各種の団体が全国で活動を展開していった[1]。この頃から地域の大人が子どもの問題を考えるようになり、子どもの社会化にとって地域社会が有効、かつ独自の社会化機能をもっているという認識が広まっていったのである。と同時に女性の社会進出が進み、母親の就業も増えてきたために、その受け皿としての地域社会が注目され始めたのである。こうした状況のもと現在では、子どもの放課後に対する公的な対策も講じられるようになり、また民間の活動においてもさまざまな取り組みが行われるようになった。

たとえば、文部科学省が実施している放課後子供教室は、子どもの放課後の時間帯に、地域の大人が、絵本の読み聞かせや食育、伝承遊びなど多種多様な活動を展開している。この事業は、2022年度では、全国の16,511ヵ所で実施されている（内閣府, 2022）。

また厚生労働省が所轄する児童館は児童福祉施設のひとつの種類であり、全国に4,347館ある（厚生労働省, 2021）。児童館は目的や規模により、6種類に分かれるが、子どもに居場所を提供したり、地域の学生や大人と交流ができたり、さまざまな体験活動ができたりする。就学前の子どもと親を対象とした子育て支援イベントなども多数、開催されている。

さらには、ボーイスカウト[2]、スポーツ少年団[3]、プレーパーク[4]などは民間が中心となって、子どもが野外活動や集団活動、各種のスポーツなどを体験できる機会を提供している。また、自然体験活動の領域においては、現在では、家族で子どもに自然体験活動の機会を用意することが困難になりつつあるためか、全国に大小さまざまな団体が存在しており、不足しがちな自然体験活動を子どもが経験できるように取り組んでいる。こうした活動をしている大人の集団は、あらたに地域社会のなかに萌芽した地域集団であるといえよう。また、こうした地域活動を支えるための人材を育成する教育支援人材の育成も始まっている。

子どもを対象とした、これらの活動の多くは一定の活動方針があり、大人の価値観が子どもへ意図的に伝達される。また子どもは、活動を主催する大人とフォーマルな人間関係を取り結ばなければならない。しかし、子どもは能動性を有しているため、人間関係の成立の契機こそフォーマルなものであるが、活動が継続していくなかでインフォーマルな関係へと変容していく事例もみられる（中田，1997）。そうすると仲間集団同様に、こうした地域集団が子どもの準拠集団としても機能する可能性がある。ともあれ、希薄化していく近隣集団に代わって、地域集団が活動を広げていく傾向があることは、地域社会における子どもの社会化を考える上であらたな可能性となるだろう。

（中田　周作）

【注】

（1）小笠原（1988）の巻末には、子どもの遊びを支える50団体が紹介されている。これを参考にすると、1970年代頃から、各地で活発に活動が展開されていく様子がうかがえる。

（2）ボーイスカウトの活動は、戦前より日本に導入された。そして現在、公益財団法人ボーイスカウト日本連盟のホームページによると、会員数は、加盟員82,960人、維持会員4,057人119社（2022年3月31日現在）となっている。ボーイスカウトが日本の青少年活動に与えた影響は大きく、田中（1995）、上平ほか（1996）、田中（1999）に詳しい。

（3）公益財団法人日本スポーツ協会日本スポーツ少年団（2023）によると、日本スポーツ少年団は、1962年にスポーツによる青少年の健全育成を目的に創設され、2022年度登録では、27,575団体、547,415人を有する青少年団体である。活動内容は、ソフトテニス、陸上競技、野球、競泳、アルペンスキー、器械体操、テニス、ラグビーフットボール、ドッジボール、スピードスケートなど多種多様である。

（4）プレーパークは、デンマークの冒険遊び場が発祥とされる。日本では、東京都世田谷区の羽根木プレーパークが最初である。通常の公園とは異なり、プレーリーダーが配置されている。プレーパークについては、羽根木プレーパークの会（1987）や、日本冒険遊び場づくり協会（2004）に詳しい。

【引用・参考文献】

Cooley, C. H., 1909, *Social Organization : a study of the larger mind*, Charles Scribner's Sons,（＝1970，大橋幸・菊池美代志訳『社会組織論』青木書店）

羽根木プレーパークの会編，1987，『冒険遊び場がやってきた！―羽根木プレーパークの記録―』晶文社

公益財団法人ボーイスカウト日本連盟ホームページ，「団体概要」http://www.scout.or.jp/outline/

公益財団法人日本スポーツ協会日本スポーツ少年団，2023，『ガイドブック　スポーツ少年団とは』

厚生労働省，2021，『令和３年　社会福祉施設等調査』

文部科学省委託調査　2006『「地域の教育力に関する実態調査」報告』

内閣府，2022，『令和４年版　少子化社会対策白書』

中田周作，1997，「子どもの遊びの変容」，九州教育学会編『九州教育学会研究紀要』第24巻

日本冒険遊び場づくり協会編，2004，『はじめよう！　パートナーシップで冒険遊び場づくり』日本冒険遊び場づくり協会

小笠原浩方編著，1988，『君もプレイリーダー！　―遊陣―』一光社

住田正樹，2001，『地域社会と教育―子どもの発達と地域社会―』九州大学出版会

住田正樹代表，2001，『子どもたちの「居場所」と対人的世界の現在』（平成10年度から平成12年度科学研究費補助金基盤研究（A）（1）研究成果報告書）

田中治彦，1995，『ボーイスカウト―二〇世紀青少年運動の原型―』中央公論社

田中治彦，1999，『少年団運動の成立と展開―英国ボーイスカウトから学校少年団まで―』九州大学出版会

上平泰博・田中治彦・中島純，1996，『少年団の歴史―戦前のボーイスカウト・学校少年団―』萌文社

【ブックガイド】

●広田照幸，1999，『日本人のしつけは衰退したか―教育する家族のゆくえ―』　講談社：本書は，子どものしつけについて地域社会と家族がどのように関わってきたのか，歴史的な観点より解説しており，資料に基づき考察することの重要性を私たちに教えてくれる好書である。

●サトウタツヤ・春日秀明・神崎真実編『質的研究法マッピング―特徴をつかみ，活用するために―』新曜社：本書では，代表的な26の質的研究法が紹介されている。どのような質的研究法があるのかを知り，自分の研究に最適な質的研究法が何かを知るためには，貴重な情報源となる入門書である。

●『児童心理　2009年２月号　臨時増刊No.891　アフタースクール―放課後の子どもたちの居場所のいま―』金子書房：本書は，子どもの放課後について多くの著者が論じており，現代の子どもの放課後について幅広く知ることができる。子どもの放課後は多様であることを知ることができ，多角的に考察する助けになる。

Chapter 5 学校集団と子どもの社会化

第1節 学　校

1. 学校とは何か

　ルーマン（Luhmann, N.）は社会化を「世代から世代への文化的価値の伝承」、教育を「〈教育する意図〉を以て行われるコミュニケーション」ととらえた上で、社会化や教育は古くは家族という小集団のなかで行われ、その後「侍童」や「徒弟」などの形式による「別の家に預ける」ことによって行われるようになり、さらに活版印刷の普及や学ぶべき知識の量と複雑性の増大が顕著になるにつれて、家族のなかでの社会化や教育では不十分となり、家庭教師や学校で学ぶことが普及してきたことを明らかにしている（Luhmann, 訳書, 2004, p.55, 63, 72）。社会化は個人と社会にとって欠かすことのできない営みなので、社会化の存在しない社会はみられないが、古い時代にさかのぼれば教育、とくに学校教育の存在しない社会は存在する。しかし、社会や文化が発達し、身につけなければならない内容が大量かつ複雑化すると、意図的に教育する必要が強まってくる。それもはじめは個人的に教育することで必要を満たせていたが、やがてそれだけでは不十分、非効率的であるという状況にまで進んでくる。ここに学校が成立する必然性が生まれてくる。こうした学校の出現の理由や原初的な姿に学んで、ここでは学校を「意図的、体系的な教育を目的として設けられた社会制度であり、社会化のための専門的な機関（エージェント）の一種であるとともに、社会集団としての性格をもつ」ととらえておく。

　学校は古代に成立し、中世には大学の成立や宗教関係の学校の出現などの発展をみた。やがて、近代市民社会の成立とともに学校は社会のすべての人々に

開かれた教育の場となるべきであると考えられるようになり、「普通教育」の考え方、「義務教育」の考え方が生まれ、普及してきた。

2．学校の3側面

学校は多様な側面をもっているが、その主要な側面として制度としての側面、集団としての側面、組織としての側面があげられる。

（1）制度としての学校

制度としての学校には2通りの意味が含まれている。

その第1は、近代以降の学校は国や地方自治体が法律や条例に基づいて設置運営する行政制度の一環として設置・運営されているという意味である。その第2は、社会制度という意味である。社会制度とは、これを狭く考えると規範体系そのもの、広く考えると規範体系によって制御されている集団や組織まで含めてとらえられる。学校は規範体系としての社会制度の伝達や普及に大きく関わっており、規範体系によって制御されている社会制度の一種であるという側面をもっている。

（2）集団としての学校

集団は複数の個人からなり、それらの人々のあいだに比較的継続的な社会関係が存在し、それを通して集団の目的を達成していこうとするものであって、同時に集団としての意識をもつものである。集団は①複数の構成員、②構成員間の継続的な社会関係、③目的・活動・規範、④集団意識、の4成立要件を満たすものと考えられる。学校がこの集団の4成立要件を満たしているか、また4成立要件に関してどのような特徴をもっているかを検討してみよう。

　①構成員：学校は教職員と児童生徒という多数の構成員をもつ。また、学校は教育者としての教職員と被教育者としての児童生徒という、地位と役割の異なる2種類の構成員からなるという特徴をもつ。

　②継続的な社会関係：学校では教職員と児童生徒のあいだに日常的な接触に基づく、教育指導関係をはじめとする多くの密接な関係が成立している。

　③目的・活動・規範：学校は児童生徒の社会化・教育という明確な目的をも

ち、その達成のために日々多様な教育活動（教育実践）を展開しており、成文化されたもの（例：校則）、成文化されないものを含む規範が存在する。

④集団意識：学校の構成員はその学校の一員であるという所属意識、同じ学校の構成員についての認識、集団の範囲についての意識ももつようになる。

このように学校は、集団の4成立要件を満たしていて、集団としての側面をもっている。

（3）組織としての学校

組織とは、比較的大きな社会集団において、その目的を効率的に達成するために構成員の活動を調整し制御するシステムのことであり、①意思決定のシステムをもつ、②各構成員の地位と役割が明確化されている、③活動に関して命令し、管理する主体をもつという要件を満たすものと考えられる。

学校は比較的大きな集団であって、明確な目的をもち、内部にその目的を効率的に達成するために設けられた構成員の活動を調整し制御するシステムをもつことから、組織としての側面をもっている。

3. 学 校 集 団

学校の諸側面のなかで、教育社会学の立場からは集団としての側面に注目する。集団としての学校の構造について明らかにするには、構成員である教職員と児童生徒の特性や学校内の人間関係について明らかにすることが重要である。

（1）学校集団の構成員：教員と児童生徒

職業としての教員は、第1に、制度的に一定の資格を要する職業であり、第2に、教育をその職務とするという特徴があげられる。第3に、職業分類の一つとして専門職という類型があるが、義務教育段階の学校の教員はその資格要件がルーズであり、専門的な理論体系と技術が乏しいなどの点から専門職と位置づけることは困難であり、今日では「準専門職」ととらえられる傾向が強い。

児童生徒については、第1に、一定の年齢の者だけで構成されているという特徴をもつ。これは義務教育段階においては当然のことであるが、義務教育段階以上の諸学校、たとえば大学などにおいても同年代の者がきわめて多いこと

が日本の特徴といわれている。第2に、各学校に入学するためには下位段階の学校の卒業や入学試験の合格など一定の要件を必要とするところから、各学校に所属する児童生徒は同質性が高いという特徴をもつ。第3に、日本の学校では児童生徒が学校の主体的な構成員としてよりも、被教育者として位置づけられる傾向がきわめて強いという特徴をもつ。

（2）学校内の人間関係

ウォーラー（Waller, W. W.）は学校を有機体としてとらえ、学校内の人間関係について、次のように整理して示している（Waller, 訳書, 1957）。

①教師の人間関係：a）教師相互の関係（児童生徒が存在）、b）教師相互の関係（児童生徒が不在）、c）教師と教師集団との関係、d）教師集団相互の関係、e）教師と事務職員の関係

②児童生徒の人間関係：a）児童生徒相互の関係、b）児童生徒と児童生徒集団との関係、c）児童生徒集団相互の関係

③教師と児童生徒との関係：a）教師と児童生徒集団との関係、b）教師と児童生徒との関係、c）教師を介在した時の児童生徒相互の関係

このように学校内にはきわめて多くの人間関係が成立しているが、学校のなかで直接教育指導に関わる重要な意味をもつものは教員と児童生徒との関係である。教員と児童生徒との関係は児童生徒にとっては選択の余地のない関係として出発するが、より人間的な関係へと深まっていく可能性がある。また、学校のなかには教員と児童生徒、教員、児童生徒を構成員とする多種多様な下位集団が存在している。学校のなかの人間関係や下位集団のあり方は学校の教育活動のあり方やその結果に影響を与えており、どのようなあり方が教育指導の上で望ましいかを考えていくことは教育実践上重要な課題となる。

第2節　学校集団における子どもの社会化

1．学校集団と子どもの社会化の特質

子どもは誕生後しばらくの期間はクーリーが指摘するように、家族・仲間集

団・近隣集団など「第一次集団」のなかで生活し、「第一次的な価値・態度」を身につけるように社会化される。これらの集団に対して学校は基本的に性格が異なる集団であって、子どもにとって異質の体験をし、異質の社会化が行われることになるが、その特質は次のように示すことができる。

①学校は「機能集団」、「ゲゼルシャフト（利益社会、目的達成のために形成された社会関係・社会集団）」であり、「他人性の支配する集団」である。子どもは学校に入学することによってそれまで所属していた家族などの集団と基本的に性格の異なる集団、すなわち見知らぬ人々から成り立つ集団に加わることになる。学校での体験を通して、子どもは成人となってから加わることになる機能集団、ゲゼルシャフト、見ず知らずの他人から成り立つ社会の一員として必要な資質を身につけるように社会化される。

②学校は「業績主義」に基づく集団であって、子どもはその集団のなかでは基本的に個人として対等な立場に位置づけられ、どのような能力をもち、どのように努力し、どのような業績をあげるかによって評価され、社会的な位置づけが決定されていく。子どもは学校に入学することによってはじめて業績主義に基づく社会集団に参加し、業績主義に従って行動し、評価され、社会的位置づけが決定されることを体験し、それに適応できるように社会化される。

③学校集団の一員として生活することは、子どもが自分の要求だけに従って生活することが許されなくなり、他律的な生活・時間リズム・行動パターンに組み込まれることを意味する。子どもは集団の要求に従って行動し、生活を組み立てていく必要があることを体験し、理解し、そうした生活の仕方を身につけるように社会化される。

このように、学校集団は基本的に業績主義が社会全体の原理となっていることに代表される近代社会のもつ社会的特質を忠実に反映している集団であって、子どもを近代社会の一員としてふさわしい存在に社会化していくという基本的な方向性をもっている。

❧❧ 2．学校集団における子どもの社会化 ❧❧

　学校集団における社会化は①対象者、②目的、③内容、④方法の4点からみ
ると、次のように示すことができる。

①学校における社会化の対象者は、子どもや青年という未成熟な世代の者を
　中心としてきた。それは、学校が社会の構成員が共通して身につけるべき
　もっとも基礎的な社会化を担う機関として機能してきたことによる。

②学校における社会化の目的の第1は、主として初等教育段階の学校に期待
　されている目的であって、社会のすべての構成員に必要な基礎的な社会化
　を行うこと、具体的にいえば、基礎的な知識や技能、価値観を身につける
　ことや、社会の一員としての意識を育てることである。その第2は、主と
　して中等教育・高等教育段階の学校に期待されている目的であって、専門
　的な知識や技能を身につけた人材を育成することである。これは近代以降
　の社会や学校に特徴的なことであって、中等教育・高等教育段階の学校が
　専門教育や職業教育の側面をもつことと関連している。

③学校における社会化の内容は、認知的社会化を基本的な内容としている。
　認知的社会化とは認識的・知的側面における発達をめざすものであって、
　言語能力を習得し発達させる言語的社会化と深い関連をもっている。言語
　的社会化は学校における社会化の重要な一内容をなすとともに、言語を通
　して教育が行われる傾向が強い学校における社会化の基礎となる。しかし、
　学校における社会化の内容はこれらにとどまらず、情動的側面、規範的側
　面などきわめて広い範囲に広がっている。

④学校における社会化の方法は、集団を通しての社会化を中心とする。それ
　は効率という現実的な理由もあるが、人間が学習する場合に集団学習の形
　態をとることが大きな学習効果をあげることを基礎的な理由とする。さら
　に、児童生徒にとって学校集団の一員となることが、集団や組織の一員と
　して必要な資質を身につける上で大きな効果をもつこともその理由として
　あげられる。

　学校集団における社会化は①意図的な社会化、教育が中心であって、授業の

みならずあらゆる活動に教育的意図が付与されているという基本的な特徴に加えて、②社会化の目的・内容・方法・評価などについて一定の基準が定められているという点で定型的であり、③長期にわたって、継続的・計画的・集中的に行われるという特徴をもっている。

❧ 3．学校集団における子どもの社会化の機能 ❧

　学校における社会化は、その学校に学ぶ一人ひとりの個人にとって多くの機能を果たしているが、同時にその学校が存在する社会にとっても多くの機能を果たしている。

　学校における社会化の第1の機能は、個人にとって社会の一員として必要な知識、技能や価値観、社会の一員としての意識を身につけさせることである。これは社会にとっては社会の成立や存続を可能にする機能となる。社会の成立や存続には構成員間、さらに次代の構成員に共通の要素（これがもっとも広い意味での「文化」ととらえられる）が存在していることが必要であるが、学校における社会化は基本的な文化を社会の全構成員に伝えるという点で、社会の成立や存続に欠かすことのできない機能を果たしている。

　第2の機能は、個人にとって職業に就いて働いていくために必要な知識や技能、態度を身につけさせる「職業的社会化」の機能である。職業的社会化の内容は、具体的な知識や技能と職業労働に対する意識や態度に二分される。職業活動を行っていくために必要な意識や態度は学校集団の一員としての生活を通して養われる傾向が強い。学校における職業的社会化は、社会にとっては必要な人材を育成し、供給するという機能を果たしている。

　第3の機能は、個人にとって学校教育を受けるなかで適性や能力が明らかにされるという機能である。社会の全構成員が共通の広い分野にわたる初等教育を受けるなかで、一人ひとりの適性や能力が明らかにされ、それに応じた進路（進学・就職）に進んでいく。社会にとって学校は社会全体の構成員の適性や能力を明らかにし、社会的な選抜や配置をするという機能を果たしている。

■ 第3節　学校集団における社会化の内容：カリキュラムの社会学 ■

1．カリキュラム

（1）カリキュラム

　学校集団における社会化の内容は、カリキュラムに集約的に示されている。カリキュラムとは、「…児童生徒が学校の指導の下に学習を進めていくコース…。…教育する側が一定の教育目標を設定し、その目標の実現と達成を促し助けると考えるものを社会の文化的蓄積や関連する生活領域から選び、これ学習者の発達段階に即して系統的に配列する一連の段取りの設計」（小野，1986，p.124）と定義される。

　カリキュラムは大別すると、教科カリキュラムと教科外カリキュラムに二分される。教科カリキュラムは、その学校が存在する社会において蓄積されているさまざまな知識や技能、学問・芸術の成果などのなかから選択されたものである。教科外カリキュラムは社会の一員として生活していくために身につける必要のあるものが広く社会生活のなかから選択されたものであって、具体的な行動様式から行動や判断の基準となる価値観まで幅広い内容を含んでいる。

　カリキュラムの構成要素は、一般に①教育目標、②教育内容、③教育時間、④教育方法、の4要素であると示されている。

（2）制度的なカリキュラムの編成過程

　現在の日本におけるカリキュラムは制度的には次のような過程を経て編成されている。

　①教育基本法：学校教育を含む、教育全体の目的を「人格の完成」「平和で民主的な国家及び社会の形成者として必要な資質を備えた心身ともに健康な国民の育成」と示しており、カリキュラムの編成はここから出発する。

　②学校教育法：各学校の教育の目的と目標を包括的に示している。また、各学校の教育課程に関する事項は文部科学大臣が定めるとしている。

　③学校教育法施行規則（文部科学省令）：各学校の教育課程についての規定に

おいて、教育課程については文部科学大臣が別に公示する学習指導要領によることを定めている。

④学習指導要領：中央教育審議会初等中等教育分科会教育課程部会の審議を経て、文部科学大臣公示として『官報』に公示される。小学校を例として見ると総則のほか、各教科、特別の教科道徳、外国語活動、総合的な学習の時間、特別活動の各々について目標と内容、指導計画の作成と内容の取り扱いが示されている。

　学習指導要領に基づいて教科書が作成され、教育委員会の示す基準や指示を加味して各学校におけるカリキュラムが編成される。学習指導要領は1947（昭和22）年に「試案」として示されて以来、ほぼ10年程度をめどとして改訂されてきたが、その変遷を伊ケ崎暁生は表5－1のように示している。

🌿 2．カリキュラムの社会学的考察 🌿

（1）カリキュラムの社会的機能

　カリキュラムは教育社会学的に考えるならば、社会全体の文化のなかから次代の構成員に伝達すべきものが一定の社会的な基準に従って選択され、構成されたものであるととらえられる。この選択過程を含めて、カリキュラムの構成過程を、ロートン（Lawton, D.）は図5－1のように示している。カリキュラム内容の選択の背後には、社会全体の文化のなかから何を次代の社会構成員に伝えるべきものとするか、何を価値のあるものとするかという価値判断が働いている。カリキュラムを編成することは文化的な価値判断を行うことであり、文化の選択を行うことによって文化的統制、ひいては社会的統制の機能を果たす結果になっている。『知識と統制』の著者ヤング（Young, M. F. D.）に代表される1970年代にイギリスを中心として起こった「新しい教育社会学」の流れに属する教育社会学の研究者たちは、カリキュラムの機能や編成過程について教育社会学的に解明する研究を進めてきた。

　学校や学校教育が一定の社会的な威信をもつ社会においては、カリキュラム内容として選択されたものだけが高い価値をもち、選択されなかったものは価

表 5 - 1　学習指導要領の変遷（解説教育六法編集委員会編，2009，pp. 1074 - 1075）

改訂・実施の経過	主な内容と特徴
▶昭和22年3月20日小学校・中学校・高校「学習指導要領一般編（試案）」「各教科編（試案）」発行 ・昭和22年4月から小学校実施 ・昭和22年4月から中学校実施 ・昭和23年4月から高校実施 ▶昭和24年小学校・中学校・高校一部改訂	憲法・教育基本法に基づく新しい教育課程の指針として、アメリカのコースオブスタディを参考にしつつ、作成される。そこでは、「試案」と表示され、これまでの「教師用書」のようにひとつの動かしがたいものではなく、教師の「手引き」として位置づけられる。 「修身」「公民」「歴史」「地理」に変わり、「社会科」「家庭科」「自由研究」などが登場する。
▶昭和26年7月1日小学校・中学校・高校全面改訂 （悪文のママ） ・昭和26年から小学校・中学校・高校実施	昭和22年の学習指導要領が緊急に作成されたこともあり、それらの不備を補う目的で改訂される。 昭和22年と同様に、「試案」として性格づけがなされる。 各教科に全国一律の時間を定めることが困難であるとして、教科を4つの大きな経験領域に分け、時間を全体の時間に対する比率で示すなどした。 「自由研究」がなくなる。
▶昭和30年小学校、31年中学校の「社会科編」改訂 ▶昭和30年10月5日高校「一般編」「社会科編」改訂	地理・歴史教育が重視され、小学校で「天皇の地位」が登場する。 中学校社会科の指導事項が、地理的分野、歴史的分野、政治・経済・社会的分野の3つとされる。 高校社会科で学習指導要領から「試案」という表現が削除される。「時事問題」も消える。
▶昭和33年10月1日小・中学校全面改訂 ・昭和36年4月から小学校実施 ・昭和37年4月から中学校実施 ▶昭和35年10月15日高校全面改訂 ・昭和38年4月から実施	官報に「文部省告示」として公示し、学習指導要領に法的拘束力があるという解釈を打ち出し、教育課程の国家基準とする。 道徳の時間を特設し、教育課程編成を、教科・特別教育活動・道徳・学校行事の4領域とする。 学校行事や儀式などで国旗掲揚・君が代斉唱が望ましいと指導する。 科学技術教育、教科の系統性重視、コース制、多様化を謳い、能力に応じた教育を展開する。
▶昭和43年7月11日小学校全面改訂 ・昭和46年4月から実施 ▶昭和44年4月14日中学校全面改訂 ・昭和47年4月から実施 ▶昭和45年10月15日高校全面改訂 ・昭和48年4月から実施	教育課程編成において、学校行事と特別教育活動をまとめて特別活動とし、教科、道徳の3領域にする。 教育内容の「現代化」を掲げ、小学校から集合など導入し、教科内容が増える。学校制度の多様化、能力・適性に応じた教育を進めることがいっそう強調される。 神話が「再」登場、国家を守る自覚など「愛国心」教育が強調される。
▶昭和52年7月23日小学校全面改訂 ・昭和55年4月から実施 ▶昭和52年7月23日中学校全面改訂 ・昭和56年4月から実施 ▶昭和53年8月30日高校全面改訂	「ゆとり」「精選」が強調され、学習指導要領の内容および授業時間が削減される。中学校で選択教科、高校で習熟度別学級編成が導入される。 「知、徳、体の調和のとれた人間形成」が謳われ、教科、特別活動での道徳教育が強化される。社会奉仕・勤労体験

・昭和57年4月から実施	学習などが打ち出される。 君が代が「国歌」と規定され、「国旗を掲揚し、国歌を斉唱することが望ましい」とされる。
▶平成元年3月15日小・中・高校全面改訂 ・平成4年4月から小学校実施 ・平成5年4月から中学校実施 ・平成6年4月から高校実施	小学校低学年の社会・理科を統合して「生活科」を新設、高校社会科を廃止して「地歴科」「公民科」を新設する。中学校の選択教科をすべての教科に拡大する。単位制高校など高校の多様化・細分化を推進する。コンピュータ教育など情報化社会への対応も強調する。 道徳教育を「学校教育の基本に関わる問題」と重視する。 中学校の保健体育の「格技」を「武道」に変更する。 君が代・日の丸を「国歌・国旗」とし、従来の「望ましい」から「指導するものとする」に変更して義務付けを強化する。
▶平成10年12月14日小学校・中学校全面改訂 ・平成14年4月から小学校実施 ・平成14年4月から中学校実施 ▶平成11年3月29日高校全面改訂 ・平成15年4月から実施	学校週五日制を全面実施し、「ゆとり」のなかで「特色ある教育」を打ち出す。授業時数を週あたり2単位時間削減し、小・中学校の教育内容を3割程度減らす。 教育課程に「総合的な学習の時間」を加える。必修教科に外国語を加える（中学校・高校）。 「生きる力」をはぐくむことを強調する。道徳をいっそう強調する。ボランティア体験や自然体験学習を強化する。
▶平成15年12月26日小学校・中学校・高校一部改訂 ・平成16年4月から実施	学習指導要領に示していない内容を加えて指導することができることを明確化して学習指導要領の最低基準としての位置づけを強調する。 各学校において総合的な学習の時間の目標および内容を定める必要があることを規定する。
▶平成20年3月28日幼稚園・小学校・中学校全面改訂 ・平成21年4月から幼稚園実施 ・平成23年4月から小学校実施（平成21年4月から23年3月まで必要な移行措置の特例あり） ・平成24年4月から中学校実施（平成21年4月から24年3月まで必要な移行措置の特例あり）	教育基本法の改正等を踏まえた改訂。基礎的・基本的な知識・技能の習得、思考力・判断力・表現力等の育成および学習意欲の向上のために授業時数の増加、言語活動・理数教育を充実させる。 「豊かな心」「健やかな体」の調和を図るためとして伝統や文化に関する教育・道徳教育・体験活動・外国語教育を充実させる。 「外国語活動」（小学校）、「総合的な学習の時間」（小・中学校）の章が設けられる。 部活動についての留意事項が規定される（中学校）。夏期、冬期、学年末等の休業日の授業実施について言及。
▶平成29年3月31日幼稚園・小学校・中学校・高校全面改訂 ・平成30年4月から幼稚園実施 ・平成32年4月から小学校実施 ・平成33年4月から中学校実施 ・平成34年4月から高校実施	子供たちが未来社会を切り拓くための資質・能力を一層確実に育成。「社会に開かれた教育課程」を重視。 知識の理解の質をさらに高め、確かな学力を育成。 道徳教育の充実や体験活動の重視、体育・健康に関する指導の充実により、豊かな心や健やかな体を育成。 平成30・31年に一部改訂あり

（平成29年改訂については文部科学省，2017より引用・追記）

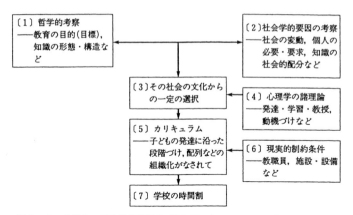

図5−1　カリキュラム構成過程の〈流れ図〉（ロートンによる）（小野. 1978）

値をもたないかのような考え方が生じてくる可能性がある。また、カリキュラム内容の選択過程において一定のイデオロギーが作用する可能性も高く、アップル（Apple, M. W.）の研究はこうした点を鋭く追究している。

（2）隠れたカリキュラム

　子どもたちは学校に通うことや学校生活そのものからも大きな影響を受けている。学校生活そのものが一定の教育的な機能をもつと考えると、顕在化・明文化されたカリキュラムとは別に、学校には「隠れたカリキュラム（hidden curriculum）」ともいうべき存在があることに気づく。

　隠れたカリキュラムとは、学校に潜在的に存在し、教員と児童生徒のあいだで暗黙の了解を得ている行動様式や規範、その背後にある価値観などであって、毎日の学校生活や、学校組織のあり方、教員と児童生徒の関係、児童生徒相互間の関係などさまざまな要因から子どもが身につけていくものである。例をあげれば、毎日学校に登校する、所定の時間になったら席について学習を始めるといった基礎的行動様式や態度から、どのような知識が学校においては高い価値を認められるかといった価値観まで、多くの内容を含んでいる。隠れたカリキュラムの内容は社会が次代の社会の構成員に対して身につけることを求めているものであり、近代以降の学校では近代社会の一員として要求される資質、

近代的産業労働者として要求される資質がその中心をなしている（Willis, 訳書, 1985）。隠れたカリキュラムは社会統制の機能を果たしているが、それは現在の社会のあり方を伝達し再生産するという点で保守的な傾向をもち、そこに支配装置としての性格、一定のイデオロギーを見出すこともできる。

このような隠れたカリキュラムについて考える場合、その内容として学校文化、生徒文化、教員文化について考えることが必要となる。

文化のなかでも、社会のなかの特定の集団や一部の人々だけが共通してもっている文化を「下位文化」というが、学校文化も学校という集団に特有な、そして学校集団の構成員が共通してもっている下位文化である。耳塚寛明は学校文化の要素を、①物質的要素：学校建築、施設・設備、教具、衣服など、学校内でみられる物質的な人造物、②行動的要素：教室での教授＝学習の様式、儀式、行事、生徒活動など、学校内におけるパターン化した行動様式、③観念的要素：教育内容に代表される知識・スキル、教師ないし生徒集団の規範、価値観、態度、の3要素に整理している（耳塚, 1986, p. 117）。

学校文化には、現代日本の多くの学校に比較的共通してみられる文化と、特定の学校ごとにみられる文化の2つのレベルがある。日本の学校に比較的共通してみられる学校文化の特徴として、集団主義的傾向が強いということなどが指摘されている。学校ごとにみられる学校文化は一般に校風といわれるもので、創立の理念、歴史、教育活動の重点、在校生や卒業生の特徴や活躍領域など多くの要素が働きかけあって形成されてくる。

学校文化のさらなる下位文化として、児童生徒集団によって担われる独自の下位文化であって青年文化や階層文化との関連が深い生徒文化と、基本的に学校文化と整合的な性格をもつ教員文化が存在している。

生徒文化や教員文化という下位文化は、隠れたカリキュラムの内容を構成する要素のひとつであって、学校における児童生徒の社会化に強い影響を与えていること、とくに生徒文化のあり方は時として学校の社会化や教育活動に対して逆機能することすらあることが教育実践上注意されなければならない。

（高島　秀樹）

【引用・参考文献】

Apple, M. W. 1982, *Education and Power*, Routledge（＝1992，浅沼茂・松下晴彦訳『教育と権力』日本エディタースクール出版部）

麻生誠・小林文人・松本良夫編著，1986，『学校の社会学―現代学校を総点検する―』学文社

解説教育六法編集委員会編，2009，『解説教育六法2009　平成21年版』三省堂

久冨善之，1988，『教員文化の社会学的研究』多賀出版

Luhmann, N. 2002, *Das Erziehungssystem der Gesellschaft*, Suhrlcamp Verlag（＝2004, 村上淳一訳『社会の教育システム』東京大学出版会）

耳塚寛明，1986，「学校文化」，日本教育社会学会編『新教育社会学辞典』東洋館出版

文部科学省，2017，「学習指導要領」
（http://www.mext.go.jp/a_menu/shotou/new-cs/1384661.htm）

森田尚人他編，1993，『学校＝規範と文化』（教育学年報２）世織書房

小野浩，1978，「カリキュラム」山根常男他編『テキストブック社会学（３）教育』有斐閣

小野浩，1986，「カリキュラム」，日本教育社会学会編『新教育社会学辞典』東洋館出版

佐伯胖他編，1998，『学校像の摸索』（岩波講座現代の教育２）岩波書店

Waller, W. W. 1932, *The Sociology of Teaching*, John Wiley & Sons, Inc.（3ed Ed.）（＝1957，石山脩平・橋爪貞雄訳『学校集団―その構造と指導の生態―』明治図書出版）

Willis, P. E. 1977, *Learning to Labour: How working class kids get working class jobs*, Ashgate Publishing Ltd.（＝1985，熊沢誠・山田潤訳『ハマータウンの野郎ども―学校への反抗・労働への順応―』筑摩書房）

山村賢明，1986，「認知的社会化」，日本教育社会学会編『新教育社会学辞典』東洋館出版

【ブックガイド】

●W．W．ウォーラー　石山脩平・橋爪貞雄訳，1957，『学校集団―その構造と指導の生態―』明治図書出版：原著の刊行は1932年ときわめて古いが、学校集団の構造や学校内の人間関係に関する古典的研究として、今日においてもなお示唆に富む内容を多く含んでいる。

●N．ルーマン　村上淳一訳，2004，『社会の教育システム』東京大学出版会：やや難解であるが、学校にとどまらず社会化・教育が社会的存在であること、社会化・教育と社会・社会システムの関係についてなど、基本的な考え方について教えられる点が多い。

●木原孝博・武藤孝典・熊谷一乗・藤田英典編，1993，『学校文化の社会学』福村出版：学校・学校文化・学校組織・カリキュラム・教授学習活動・生徒文化・教師など学校に関する幅広い領域に関して教育社会学的考察を加えており、刊行年がやや古いが基礎的な知識や考え方を知るために好適な参考書である。

Ⅲ

子どもの発達をめぐる
現代的状況

Chapter 6 学校集団における 社会化の現代的課題

■ 第1節　人材の養成・選抜・社会的配置と学歴社会 ■

〜 1. 人材の養成・選抜・社会的配置 〜

「地位（status）」とは社会集団や社会関係における個人の位置づけであり、「社会的地位（social status）」という場合には全体社会のなかにおける個人の位置づけを示すことが多い。地位には大別して「帰属的地位（ascribed status）」と「業績的地位（achieved status）」の2種がある。帰属的地位は、生得的地位ともいわれ、「属性主義（ascription）」に基づくもので、子どもが生まれながらにもつ地位、例をあげるならば性別・年齢などの個人的な地位、どのような家族の一員として、どのような出生順位で生まれたかなどの家族的な地位などがある。業績的地位とは、「業績主義（achievement）」に基づくもので、子どもがどのような能力をもち、どのように努力し、どのような業績をあげたかによって定まる地位、例をあげるならば入学試験の結果で得ることのできる学校の一員としての地位などがある。

歴史的にみると、一般的な傾向として古い時代に遡るほど属性主義が有力であり、近代以降は業績主義が有力になってきている。しかし、現代日本社会の実態をみると業績主義のみが機能しているのではなく、各界における世襲の例などにみられるように属性主義も残存しており、「属性主義の残存する業績主義社会」が実態に近いのではないかと考えられる。

業績主義に基づいて、一方において個人の能力や努力・業績を評価し、他方において社会的に個人を選抜し配置する方法として、近代以降の社会においては学校教育が大きな役割を果たしてきた。社会の構成員全員が共通の学校教育

を受け、それを通して社会的な選抜・配置が行われ、個人の地位が定められるという業績主義に基づくシステムは、属性主義に基づくシステムに比べて合理的で、機会の平等を保障する社会システムとして評価することができるが、それにともなって学校集団における社会化のあり方が変化してきたことは否定できない。

　学校はそこに学ぶ子どもに対して知識を与え、能力を伸長し、社会の一員にふさわしい存在とする社会化の役割をもつことはいうまでもないが、それとともに近代以降の学校は子どもの能力や努力・業績を評価し、その位置づけを決める機能が強くなってきている。学校集団における社会化機能の中で児童生徒の評価機能が強くなっていることに注目して「トラッキングシステムとしての学校」という考え方も提起されてきた。トラッキングシステムとは、本来はアメリカの総合制ハイスクールにおいて複数の教育課程を用意して生徒の希望に応じてコースを分けていくことをいうが、今日ではそれとは異なり、どのような学校や課程・コース（トラック）に入るかによってその後の進路が規定されること、さらに学校がそのような進路分化の機関となっているという意味をもつ考え方として用いられている。これと関連して、学校はそこで学ぶ子どもにとって可能性を広げ、その可能性に向かって努力していくことを促進する「アクセライゼーション」の機能と、過大な期待を鎮静化させ各々に適した進路に進むように導く「クーリングアウト」の機能を合わせもつことが指摘できる。

2. 学 歴 社 会

　業績主義に基づく社会においては社会的資源の所持の有無・大小が地位を定める上で大きな意味をもつが、社会的資源のなかで「学歴」が個人の社会的地位を定めるもっとも有力な規定要因となっている社会を「学歴社会」という。学歴社会は近代以降に現れてきた社会であり、業績主義が支配する社会、すなわち社会移動が可能な社会で成立が可能になるが、その正当性が社会的に認められるためには社会の全構成員に対して学校教育への対等な接近可能性が保障されていなければならない。

義務教育以上の段階の学校への進学が増大してきた1960年代から、日本社会が学歴社会であるか否かをめぐって議論が展開されてきた。一方では学歴が社会的地位の決定要因として大きな影響力をもつという「学歴社会実在論」が主張され、他方では実際には学歴は大きな影響力をもたないという「学歴社会虚像論」が主張されてきた。その後の実証的研究によって、学歴は初職の決定に影響力をもち、初職がその後の職業的地位や社会的地位に影響するという傾向が存在することが明らかにされてきた。さらに、このような実態以上に学歴が大きな影響力をもつという意識が多くの人々のあいだに存在していることも明らかにされてきた。こうした状況を「日本型学歴社会＝イメージとしての学歴社会」と呼ぶこともある。現代日本社会においては多くの人々がより高い段階の学校に進学するものの、学歴が必ずしも一定の職業に就くことを保障しない状況がみられ、このような状況から考えるならば「一定の学歴が一定の地位を保障する」という意味での学歴社会は変貌しつつある。学歴は「十分条件」ではなくなり「必要条件」となりつつあると考えられるが、人々が高い学歴を求めるという志向は根強く存在している。

　「イメージとしての学歴社会」が浸透している状況は、学校教育のあり方に影響を与えている。本来、学校は子どもにとって多くの魅力をもつ存在であり、そのもっとも基本的な理由は学校教育を受けることによって新しい知識や技能を身につけ、成長・発達できるとともに、成長・発達を実感できるということにある。しかし、学歴社会化が進み、学校が社会的な選抜や配置の機能を強くもつようになると子どもは毎日の学校生活において常に試され、評価され、序列化されているという印象を無意識的にせよもつようになる。このような学校生活、学習が子どもにとって楽しいといえるのか、教育効果をあげることに結びつくのかを考える必要がある。

第2節　学力格差と社会階層

ᔥᕟ᠘ 1．学力をめぐる動き ᔥᕟ᠘

　近年わが国では学校教育を通して子どもが身につけるべき「学力」や「学力格差」をめぐる話題がマス・コミなどでも広く取り上げられ、さまざまな議論が展開されている。その内容を見るとOECD（経済協力開発機構）が実施するPISA（Programme for International Student Assessment＝生徒の学習到達度調査）におけるわが国の順位や、文部科学省が実施する「全国学力・学習状況調査」における各都道府県の順位が取り上げられる場合が多い。文部科学省の全国学力・学習状況調査は、①義務教育の機会均等とその水準の維持向上の観点から、全国的な児童生徒の学力や学習状況を把握・分析し、教育施策の成果と課題を検証し、その改善を図る、②そのような取組を通じて、教育に関する継続的な検証改善サイクルを確立する、③学校における児童生徒への教育指導の充実や学習状況の改善等に役立てることを目的とする（文部科学省, 2013）と示されているが、2007（平成19）年度から調査が実施され、その結果が公表されるようになると、各自治体ではみずからの順位に注目する傾向が生まれ、さらにマス・コミではそれが興味本位に取り上げられる傾向すら生まれてきた。

　学力を正確に把握し、その向上のために教育指導を充実することが学校教育に課された任務の一つであることはいうまでもないが、実際にこの問題を取り扱うことには常に困難がつきまとう。

　その第1は、学力をどのようなものとして把握するかという、学力の定義の問題である。学力は本来きわめて多義的・多面的な概念であり、その把握が難しい。

　その第2は、学力を具体的にどのように測定するかという問題である。これまでなんらかの尺度によって数量化して把握すること、たとえばアチーブメント・テストなどが多く行われてきた。しかし、多義的・多面的な学力のなかで、数量化して把握することのできる学力の内容と、それによっては把握すること

ができない学力の内容もあることが注意されなければならない。文部科学省の全国学力・学習状況調査も学校における学習状況の把握を目指すという考え方に立つ調査であり、この試験の点数だけで本来の学力のすべてがとらえられるわけではなく、学力の一部を示すものと考えることが必要である。

2．学力を規定する要因

　教育社会学の研究者が学力問題に研究関心をもった一つの契機は、「ゆとり教育」の実現を目指した1998（平成10）年の学習指導要領の改訂の結果、学力の低下が生じたという言説が広く流布されたことにある。しかし、その実態は全体として学力が低下したというよりも、学力格差が増大し、低位層が拡大したことから平均が低下したということが実態に近く、このような視点から学力格差の問題に焦点があてられるようになった。諸田裕子は「学力低下の議論は、それが『水準』低下の指摘にとどまる限り十分ではない。平均正答率に代表される『水準問題』に加えて『格差問題』の視点が不可欠である」という前提に立って、「学習遅滞」と「学習速進」に注目して、1982年と2002年に実施した学力調査の結果を比較して、「格差問題」の社会学的分析を行っている。その結果、①「学力低下」かつ「学力の分極化」が生じている、②「学力の分極化」は「学習遅滞層」の増加による、③増加している「学習遅滞層」は家庭的背景（社会階層）や学習習慣（勉強頻度や勉強時間）と密接な関連をもっていることを示している（諸田，2004，p.37/p.52）。

　学力格差については地域間の格差、都道府県間の格差について取り上げられることが多いが、単純に地域間で格差があるというよりも、各地域における家族をめぐる状況や子どもの生活実態・生活環境がどのようになっているかに注目する必要があることを多くの研究が共通して示唆している。諸田の指摘も参照して考えるならば、学力格差の生まれる背景としては家庭的背景（家族の社会階層、とくに文化的階層状況）、家族の生活実態（とくに学習習慣が注目されるが、より広い生活習慣全体）について考えなければならない。

3. 学校における子どもの社会化と社会階層

　学校や学校教育における社会化のあり方は基本的に社会全体の階層構造や階層文化のなかでは中間階層や中間階層の文化と親和性が高いということがボールズ（Bowles, S.）をはじめ多くの研究者によって指摘されてきた。ブルデュー（Bourdieu, P. F.）は、中間階層以上の子どもがよりすぐれた学業成績をおさめうる可能性が高いのは、家族のもつ文化的蓄積が大きいからであると指摘している。また、バーンステイン（Bernstein, B. B.）は、中間階層の子どもは家族において抽象的で論理的な「精密コード」のもとで社会化され、労働者階層の子どもは家族において具体的で情緒的な「限定コード」のもとで社会化され、それが学校教育で習得が要求される「精密コード」との整合性の違いを生み、学力差を生むと指摘している（潮木, 1986, p.56）。

　これらをはじめ多くの先行研究が指摘するように、学校における社会化は、社会全体の文化のなかでも中間階層の文化ともっとも適合性が高いという階層性をもっている。学校における社会化の内容、児童生徒が身につけることを求められる知識や技能、態度や意識は、社会全体の文化のなかで中間階層の文化を基礎としている傾向が強い。学校における認知的社会化や言語的社会化のあり方は、中間階層の家族におけるそれらのあり方と整合的なものであり、中間階層出身の児童・生徒は適応しやすく、高い評価を得やすい。こうした傾向から、学校は中間階層の拡大再生産に寄与してきたということもできる。

　学校・学校教育、学校における社会化において子どもがどのような業績をあげ、どのような評価を得るかについて、子どもが生まれ育った家族のあり方が反映していることを考えると「学歴取得前の不平等」が存在するといえる。これは親の学歴や職業によって子どもがどのような学歴を得られるかに差異が存在する傾向、すなわち親の社会的地位や階層によって子どもの到達できる地位に差異が存在する傾向を意味する。基本的には家族の生活習慣、具体的には家庭学習の習慣を身につけているか、親の教育や学校教育に対する考え方が子どもの学習を促進する方向で働きかけるか、学校外学習の機会、通塾などを子どものためにどの程度提供するかなどの違いが、子どもの学歴の取得に影響を与

えているといわれている。これらの点に関しては多くの実証的研究が行われ、これまでの研究では父親の職業・父親の学歴・母親の学歴などが子どもの進学状況に影響することが明らかにされている。このような出身家族のあり方が子どもの教育達成に大きな影響を及ぼすという点をめぐって、ブラウン（Brown, P.）は教育的選抜について、第二次世界大戦後「能力＋努力＝業績」という方程式によって表される業績主義（メリットクラシー）と総合的な教育の導入というルールに基づいていたものが、現在は「資源＋嗜好＝選択」という方程式によって表されるペアレントクラシーと市場原理に基づくようになり、「結果として、教育的選抜は、生徒の個別の能力と努力よりもむしろ、ますます親の財産と願望に基づくようになっている」（Brown, P., 訳書, 2005, p.615）と指摘している。

　近年、多くの研究者が現代日本社会の「不平等化」「格差社会化」を指摘している。第二次世界大戦後80年近くが経過し、社会構造の根本的変革がない状況のもとで「階層構造の拡大再生産」が生じており、そのような傾向の一因として出身家族のあり方に起因する学校教育における教育的達成の違いが社会的地位の獲得状況の違いに大きな影響力を与えていることを指摘する考え方が、多くの研究結果から示唆されている。

第3節　新型コロナウイルス感染症の蔓延と学校の休業

1．新型コロナウイルス感染症の蔓延による学校の休業と対応策

　学校と、そこに集う児童生徒と教職員、保護者、社会的環境などをめぐる多様な課題があるなかで、新たに深刻な課題が生じた。2020（令和2）年2月に日本最初の感染・発症が確認された新型コロナウイルス感染症の蔓延である。

　新型コロナウイルス感染症は急速に蔓延し、政府は2月25日に新型コロナウイルス感染症対策本部を開設、「新型コロナウイルス感染症対策の基本方針」を策定し発表した。2月27日には同対策本部において、学校に対して全国一斉に休業を要請する方針が内閣総理大臣より示された。これを受けて2月28日に

文部科学省は、文部科学事務次官名で「新型コロナウイルス感染症対策のための小学校、中学校、高等学校及び特別支援学校等における一斉臨時休業について（通知）」を発出した。この通知では「学校保健安全法」第20条（学校の設置者は、感染症の予防上必要があるときは、臨時に、学校の全部又は一部の休業を行うことができる。）を根拠として、「3月2日（月）から春季休業の開始日までの間…臨時休業を行うようお願いします。」とした上で、関連する保健管理や教育課程についての8項目の留意点をあげている。この通知は「お願いします」としていたが、ほとんどの学校設置者は臨時休業を実施、文部科学省「新型コロナウイルス感染症対策のための学校における臨時休業の実施状況について」に示された調査結果によれば、公立小学校を例とすれば臨時休業実施校は3月4日に98.8％、3月16日に99.0％であった。

この通知において臨時休業期間は春季休業の開始日までとされたが、新型コロナウイルス感染症はさらに蔓延し、より強力な対策として「緊急事態宣言」が発出され、4月7日には東京都など7都府県が、4月16日には全都道府県が緊急事態措置を実施すべき区域とされた。これを受けて新年度も引き続き学校を臨時休業とする措置が取られ、文部科学省によれば臨時休業実施校は、公立小学校を例とすれば4月6日には36％であったが、緊急事態措置の実施とともに4月10日には67％、4月22日には95％となった。その後、蔓延状況に対応して、5月11日には88％、6月1日には1％と減少した。臨時休業の実施状況は、国立・私立学校などにおいても、幼稚園・中学校・高等学校・特別支援学校・専門学校・大学などにおいてもほぼ同様の傾向であった。

休業期間中に実施された対応策について、文部科学省が学校設置者を対象として実施した「新型コロナウイルス感染症の影響を踏まえた公立学校における学習指導等に関する状況について」調査（小学校については全国1,733設置者回答、2020（令和2）年6月23日現在集計）によれば、家庭学習の状況把握と支援の方法としては、電話・FAXによる連絡（91％）、登校日の設定（78％）、家庭訪問の実施（76％）、一斉電子メールによる連絡（71％）などが多く実施されていた。対応する上での課題としては、積極的なICTの活用（84％）、学習状況の違いに

対応した学習の支援（73％）などが多くあげられている。学校再開後に行う工夫としては学校行事の見直し（96％）、長期休業の短縮（95％）、授業における学習活動の重点化（68％）などが多くあげられている。

2．学校休業の課題と影響

　このような臨時休業がどのような課題をもたらしたか、多喜弘文・中村高康・香川めい・松岡亮二・相澤真一・有海拓巳・刈谷剛彦は、教育委員会、小中学校、児童生徒、保護者を調査対象として、2020（令和2）年度と2021（令和3）年度に調査を実施した。そのうちの小学校・中学校を対象とした調査結果によれば、小学校・中学校が臨時休業中の課題として認識していたことは学校と家庭（児童生徒・保護者）の間および児童生徒間のコミュニケーションの問題であり、これは休業明けに多くの学校で改善されたが、学校再開後に課題として認識されているのは教師の多忙化である（多喜ら，2021，pp.226-241）。教育委員会を対象とした調査結果によれば、教育委員会の臨時休業時の対応（児童生徒の自宅等における学習を充実するため、教育委員会として主導的な役割を果たしたもの）には内容の強弱があり、しかも地域差がある。対応の地域差には、その地域の大卒比率（＝社会経済的地位の指標）が関連している可能性があり、その背景には、保護者の教育への関心・関与の階層差・学校差がある可能性が高いと指摘している（中村ら，2021）。

　学校の臨時休業という措置は子ども達にどのような影響を及ぼしたのであろうか。文部科学省「令和3年度児童生徒の問題行動・不登校等生徒指導上の諸課題に関する調査」（文部科学省，2022）によれば、いじめ（小学校・中学校・高等学校・特別支援学校）は2020（令和2）年度は大幅に減少していたのに対して、2021（令和3）年度の認知件数は615,351件（1,000人当たり47.7件）で、98,188件・19.0％の増加となった。暴力行為（小学校・中学校・高等学校）は76,441件（1,000人当たり6.0件）で、前年度に対して10,240件・15.5％の増加となった。増加の要因については「小・中学校では新型コロナウイルスの感染症の影響から、ストレスを抱える児童生徒が増えたことなどが、暴力行為の発生件数の増加の一因と

なった」と説明している。長期欠席については「『新型コロナウイルスの感染回避』により30日以上登校しなかった児童生徒数は、小学校42,963人（前年度14,238人）、中学校16,353人（前年度6,667人）、高等学校12,388人（前年度9,382人）となり増加となった」と示している。長期欠席のうち小学校・中学校における不登校児童生徒数は244,940人（在籍児童生徒の2.6％）で、前年度から48,813人・24.9％増加したが、「生活環境の変化により生活リズムが乱れやすい状況や、学校生活において様々な制限がある中で交友関係を築くことなど、登校する意欲が湧きにくい状況にあったこと等も背景として考えられる」と説明している。この調査結果を受けて文部科学省は対策を実施するが、対策を検討する前提として「調査結果からは、新型コロナウイルス感染症によって学校や家庭における生活や環境が大きく変化し、子供たちの行動等にも大きな影響を与えていることがうかがえる。人と人との距離が広がる中、不安や悩みを相談できない子供たちがいる可能性があること、子供たちの不安や悩みが従来とは異なる形で現れたり、一人で抱え込んだりする可能性があることも考慮する必要があり、…」と総括している。

　新型コロナウイルス感染症の蔓延が産業・経済・職業活動をはじめ社会に広く影響を及ぼすなかで、きわめて短時日に学校の長期にわたる臨時休業が実施されたことは子ども・保護者、学校・教職員に大きな影響を及ぼした。

　子どもに対しては学校教育を補完するものとして家庭学習が推奨されたが、子どものおかれている状況や保護者の状況はきわめて多様であり、保護者が子どもとともに在宅しているか、家庭学習に関与できるかは異なる。ひとり親かふたり親か、母親が職業就業者か、保護者が在宅勤務可能かなどの条件から、子どもだけで在宅しなければならない事例も多かったと考えられる。学校からの指示によって家庭学習を実施するとしても、家族の関与や、IT環境をはじめとした家庭学習の環境が確保されているのかなどの条件は異なり、これらが実施の可能性に影響したと考えられる。保護者不在の子どもにとって家庭以外の居場所になりうる学童保育所、児童館、図書館なども非常事態宣言下で休業とされた地域が多い。家庭学習を実施すべきとしても、それ以前に子どもの生

活をどのように保障するかという基本的な課題についての、保護者の負担は大きかったと考えられる。

　一方、学校・教員にとってはほとんど準備期間がないまま臨時休業に入り、前掲の調査結果が示すように臨時休業中の子ども・保護者への連絡、学習指導をはじめとする教員の負担は大きく増加した。教員の勤務負担過多はそれまでも存在し、問題視されていたが、新型コロナウイルス感染症の蔓延下で教員やその家族にも感染者が生じ、出勤可能な人員が減少するなかで、新たな対応策の実施に取り組まなければならない状況が生じた。

　このような課題に対して、文部科学省は逐次支援策を打ち出してきたが、2020（令和2）年6月5日にそれらを総括して「『学びの保障』総合対策パッケージ」を発出した（文部科学省，2020）。「あらゆる手段で、子供たち誰一人取り残すことなく、最大限に学びを保障」しようという考え方を基本として、「感染症対策を徹底しながら、まずはしっかりと学校での学習を充実、最終学年（小6・中3・高3）は優先的な分散登校等も活用し、学習を取り戻す、他の学年は、2 ～ 3年間を見通した教育課程編成も検討し、着実に学習保障」することを目標とし、具体的な対策を示している。ここでは文部科学省の教育政策として整理された考え方が明示されたが、臨時休業中にはこのように整理された形で総合的な対策が発出されることはできなかったといわざるをえない。

　小林美津江は今回の学校の臨時休業や総合対策パッケージについて学びの保障と教育格差という観点から考察を加えた上で、臨時休業を通して「学校は、学習機会と学力を保障するという役割のみならず、全人的な発達・成長を保障する役割や、人と安全安心につながることができる居場所・セーフティネットとして身体的・精神的な健康を保証するという福祉的な役割をも担っていることが再認識された」と指摘している（小林，2020，pp.3-15）。

　今回の臨時休業措置に関して、新型コロナウイルス感染症の急速な蔓延に対して緊急の対策が必要であり、その一環として学校の臨時休業が必要であったことは理解できるが、その決定にいたる検討・審議過程が十分であり、臨時休業の実施とその対応策が適切であり、されにそれらについての説明が十分であ

ったであろうか。子どもにとって学校の臨時休業は子どもの学習の機会をはじめ学校のもつ多様な機能を一定期間失わせるものであり、基本的な理念に立ち返って考えるならば、子どもの学習権さらに生活権の保障という観点から考えるべき問題であろう。今回の事態からは、有事における学校の臨時休業を含む対応策をあらかじめ検討しておくことの必要性が教えられたのではないであろうか。

（高島　秀樹）

［引用・参考文献］

Brown., P., 1997, Cultural Capital and Social Exclusion : Some Observations on Recent Trends in Education, Employment, and the Labour Market, Halsey, A. H. Lauder, H. Brown, P. and Wells, A.S. *Education: Culture, Economy, and Society*, Oxford U.P.（=2005, 稲永由紀訳「文化資本と社会的排除」住田正樹・秋永雄一・吉本圭一編訳『教育社会学―第三のソリューション―』九州大学出版会）

小林美津江, 2020,「学びの保障と教育格差―新型コロナウイルス感染症をめぐる取組―」（参議院常任委員会調査室・特別調査室『立法と調査』No.428所収）
https://www.sangiin.go.jp/japanese/annai/chousa/rippou-chousa/backnumber/2020pdf/20201001003.pdf

諸田裕子, 2004,「『学習遅滞』と『学習速進』はどこで起こっているか」、苅谷剛彦・志水宏吉編,『学力の社会学―調査が示す学力の変化と学習の課題―』岩波書店

文部科学省, 2013,「全国学力・学習状況調査の概要」
http://www.mext.go.jp/a_menu/shotou/gakuryoku-chousa/zenkoku/1344101.htm

文部科学省, 2020,「新型コロナウイルス感染症対策に伴う児童生徒の『学びの保障』総合対策パッケージ」
https://www.mext.go.jp/a menu/coronavirus/1411020 00004.html

文部科学省, 2022,「令和3年度児童生徒の問題行動・不登校等生徒指導上の諸課題に関する調査結果について」
https://www.mext.go.jp/content/20221021-mxt_jidou02-100002753_1.pdf

中村高康・松岡亮二・刈谷剛彦, 2021,「コロナ休校時における教育委員会の対応―地域差と階層差に注目して―」（中央教育審議会、第131回初中分科会資料）
https://www.mext.go.jp/content/20210713-mxt_syoto02-000016589_16.pdf

中内敏夫, 1983,『学力とは何か』岩波書店

多喜弘文・中村高康・香川めい・松岡亮二・相澤真一・有海拓巳・刈谷剛彦, 2021,「コロナ禍のもとで学校が直面した課題―文部科学省委託調査の概要と小中学校調査の基礎分析―」, 数理社会学会『理論と方法』36巻2号

潮木守一, 1986,「階級と教育」, 日本教育社会学会編『新教育社会学辞典』東洋館出版社

渡辺秀樹, 1986,「地位」, 日本教育社会学会編『新教育社会学辞典』東洋館出版社

［ブックガイド］

●Dore, R.P., 1976, The Diploma Disease: Education, Qualification and Development, George Allen & Unwin（＝1978，松居弘道訳『学歴社会—新しい文明病—』岩波書店）：刊行年は古いが、学歴社会の新しい展開、学歴社会としての日本社会の分析、学歴社会としての国際比較など、示唆に富む内容で今日でも参考となる。

●苅谷剛彦・志水宏吉編，2004，『学力の社会学—調査が示す学力の変化と学習の課題—』岩波書店：1982年、1989年、2001年に独自の学力や学習状況に関する調査を行い、その調査結果を基礎として学力問題に対して「個人の学力と学習」「学力と社会」の観点から広く考察を加えている。学力問題に対する教育社会学領域における先駆的研究と評価することができる。

●耳塚寛明編，2014，『教育格差の社会学』有斐閣：学力格差についての考察にとどまらず、カリキュラムや教育機会との関係、職業への移行や逸脱行動との関係など、幅広い視点から考察を加えており、学力格差の問題について考えるうえで基礎的な参考文献であり、本章作成にあたっても多くの示唆を得た。

Chapter 7 マス・メディア と社会化環境

第1節　マス・メディアと社会の変化

　コミュニケーション（communication）とは他者に対して情報を伝達する過程を指し、メディア（media）とはその情報伝達のための手段である媒体を指す。そしてマス・コミュニケーション（mass communication）とは不特定多数の人々に大量の情報を伝達する過程のことをいい、マス・メディア（mass media）とはその不特定多数の人々に大量の情報を伝達するための媒体（＝メディア）をいう。マス（mass）には大衆（＝不特定多数の人々の集合体）と大量という意味があり、したがってマス・コミュニケーションには大衆伝達と大量伝達という２つの意味がある。マス・メディアはマス・コミュニケーションの媒体、つまり大衆媒体であり、具体的にはテレビ、ラジオといった電波メディアと新聞、雑誌、書籍といった印刷メディアがある。そして伝達される情報とは知識・教養、娯楽、論評、報道、宣伝あるいは感情や情緒などのことである。

　しかし、同じマス・メディアでも印刷メディアは電波メディアよりも相当に早くから発展した。電波メディアは20世紀に入ってから出現したが、印刷メディアは1454年にグーテンベルク（Gutenberg, J. 独，1400-1468）が活版印刷を開発し、大量印刷が可能となってから、とくに17〜19世紀にかけて活版印刷の新聞として発展していった。社会のさまざまな出来事を記録し報道・伝達していったのである。このように日々の出来事、あるいは毎週、毎月の出来事を記録すること、つまり周期性をもった記録をジャーナリズム（journalism）という。語源のjournalには日記、日課書、あるいは日々の働きという意味がある。周期的に記録するというのがジャーナリズムの本来の意味である。だが、記録する

手段としての印刷メディアは文字であるから、ジャーナリズムを利用できる人たちは、字の読める人に限られていた。一定程度の教育や訓練を受けて字を読むことができ、内容を理解することができる知識・教養を持った人々がジャーナリズムを利用できたのである。こうした人々がジャーナリズム（新聞が中核メディア）を利用して、ある共通の問題（社会的争点）をめぐって意見を交換しあったのである。このような人々の集合体を公衆（public）という。ジャーナリズムを舞台にして共通の社会的問題をめぐっての討論に参加している人々の未組織な集合体である。このような公衆が自由に意見を表明しあい、討論の過程を経てつくり出される集合的な合意——公衆の意見——が世論（public opinion）である。そしてこの世論が民主主義の基礎になる。公衆はジャーナリズムの発達とともに成立した。

　しかし20世紀になって電波やフィルムが開発されて電波メディアが高度に機械化されてくると、電波メディアは文字を読めない人々も利用できるようになり、しかも地理的に広い範囲に分散している不特定多数の人々を対象に（大衆伝達）画一的な大量の情報を同時に伝達するコミュニケーション（大量伝達）が可能となり、マス・コミュニケーションという言葉が生まれた。そしてマス・コミュニケーションの受け手全体を大衆（mass）といい、マス・コミュニケーションのメディア全般を総称してマス・メディアと呼ぶようになった。マス・コミュニケーションには情報を収集・整理・送出する側の送り手（通常は組織や集団、つまり企業）とその情報を受け取る側の受け手（大衆）とがいる。

　だが、マス・コミュニケーションの受け手である大衆は、ジャーナリズムを舞台にした公衆とは異なる。公衆も、大衆と同じように地理的に分散して直接的な人間関係はないが、しかしジャーナリズムを通して共通の社会的問題について自由に意見を表明・交換しあう人々であるから主体的、自律的であり、相互的である。その意味で公衆は心理的な一体感や連帯感をもち、合理的判断を下す理性的存在である。しかし、大衆は広範囲に分散し、共通の関心や目的をもたず相互に接触することもないから連帯感もなく、孤立的で匿名的な存在となる。そしてマス・メディアはますます高度に機械化され、企業に独占される

ようになり、したがってマス・メディアの情報は送り手である企業から一方的に大量に大衆に向けて個別的に送られてくるだけとなる。だから大衆は、大量の情報の渦に巻き込まれ、その情報を処理しきれず、意見表明もできず、ただ無批判に受け入れるだけの受動的存在となり、そのためにみずからの思考・行動の方向性を自身で決定するのではなく、マス・メディアの提供する情報に依存するようになり、そうした情報を求めようとする。たとえみずからの意思をもったとしても、それを表明する機会をもたない。こうして大衆は自律性を失い、知的に振る舞うよりも感情的に振る舞うようになり、そうした大衆心理が社会の動向に影響を与えるようになった。

　現代社会は公衆ではなく圧倒的多数の大衆によって構成されるようになった。アメリカの社会学者ミルズ（Mills, C. W.）は現代社会の趨勢を「公衆社会から大衆社会への変貌」と特徴づけている（Mills, C. W. 1956, 訳書（下）,pp.199 − 239）。今日では、ジャーナリズムは活字、印刷だけに限定して用いられているが、マス・コミュニケーションはジャーナリズムも含めて用いられている。

第2節　マス・メディアの影響と効果

　本章の問題は、マス・メディアと子どもの社会化であるから、マス・メディアが視聴者（利用者）である子どもの意識や態度、感情、行動にどのような影響を及ぼすかという、いわゆるマス・メディアの効果—社会化の効果—が問題となる。メディア効果論である。効果とは人々がマス・メディアに接触することによって生じる結果のすべてを指す。したがって影響と同じ概念である。

　マス・メディアの効果について研究され始めたのは1920年代からである。1920年にアメリカ・ピッツバーグでマス・メディアとしてのラジオ放送が始まり、ニュースや音楽、娯楽番組が放送されたが、1936年にはイギリスのBBC放送がテレビ局を開局してはじめてテレビ放送を行った（アメリカではじめてテレビ放送が始まったのは1941年）。しかし、マス・メディアの影響が研究者や教育者、実務家の関心の的となり、さまざまな角度からの調査研究が行われたのは、テ

レビ放送が本格的に発展してきた第二次世界大戦後である。

　先に述べたように、新聞、雑誌、書籍という印刷メディアの場合は、文字を知り、その内容を理解できる能力が必要であるから一定程度の教育や知的訓練が必要となるが、テレビ、ラジオ、映画という電波メディア（＝非印刷メディア）の場合は文字を知らなくても内容を理解できるから教育も知的訓練も必要とはしない。取り分けテレビは、視覚と聴覚に同時に訴える映像メディアであり、生活に深く浸透して日常的な情報メディアとなっているから、その影響（効果）という点からいえば、印刷メディアをはるかに凌駕している。そのために取り分けテレビの影響がこれまで問題とされてきた。テレビ番組の暴力場面や犯罪場面、性的場面の描写が子どもの逸脱行動を引き起こすのではないか、子どもが暴力や犯罪や性に対して許容的、肯定的、不感症的になるのではないかという疑念がテレビが登場した当初から湧き起こっていた。子どもがそうしたテレビの場面から影響を受けて歪んだ価値や規範を学習するのではないか（社会化）、あるいはそれまでに学習してきた社会の価値・規範を攪乱させたり、放棄させたりするようになるのではないかというわけである。これまでの過去の社会化や所属集団からの脱却、あるいは所属集団の拒否を脱社会化（desocialization）という。マス・メディアも営利企業であるから利益をあげねばならないが、その収入源はスポンサー企業の広告収入であるから、広告収入を増やすためには多数の受け手を獲得しなければならない。となれば、マス・メディアが提供する情報は大衆受けする内容になりやすい。知的関心をかき立てるものよりも卑俗な欲求をかき立てるもの、高尚なものよりも低俗なもの、興味本位のスキャンダラスなものになりがちである。そのためにテレビ番組は娯楽番組やバラエティ番組が中心となり、さらには暴力場面や犯罪場面、性的場面を描写するような、いわゆる有害番組が放送されたりする。

　マス・メディアが子どもの社会化に何らかの影響を及ぼしていることは、今日では、一般の間でも広く受け入れられているし、また、テレビの暴力番組に限ってみても、これまでの多くの調査研究は影響があると結論づけている。ただ問題の性質上、それを科学的に、疑いの余地なく証明することが困難なので

ある。それは1つには、社会化の研究が長期の期間を要するからである。社会化は漸次的に進行していく学習過程であるから、その過程におけるマス・メディアの影響（効果）といっても、時間軸にしたがっていえば直後反応、短期的効果、長期的効果に分けられる。だが、長期的効果といってもマス・メディア接触直後から反応が継続して現れるとは限らない。直後には、あるいはしばらくの間は何の反応も現れずに一定期間後に反応（効果）が生じる場合もある（仮眠効果）。もう1つは、マス・メディアの影響を家族や仲間の影響、地域の影響といった他の社会的影響から統制すること、つまり他の社会的影響を排除することはきわめて困難だということである。時間の経過にしたがって統制はますます困難になる。

　しかし、マス・メディアの効果をめぐって、これまでさまざまな理論が導き出されてきた。まず、その理論の系譜をごく簡単に辿ってみよう。

第3節　マス・メディアの効果理論

　マス・メディアの効果（影響）に関しては、これまでアメリカを中心にさまざまなアプローチによる理論が展開されてきた。この間の理論は、その内容にしたがって大きく3つの時代に区分される。1930年代の強力効果論、1940年代の限定効果論、1970年代からの新しい強力効果論である。

1．強力効果論

　効果研究が始まった初期（1930年代）には、マス・メディアの内容がそのまま受け手の態度・行動に影響を及ぼすという単純なモデルが現れた（図7-1）。当時のマス・メディアといえば新聞とラジオであるが、そのラジオの影響を明らかにする過程で生まれた考え方であり、比喩的にマス・メディアの強い影響力を弾丸にたとえて「弾丸効果論」とか、マス・メディアを注射針にたとえて受け手の血管に注射をうつという「皮下注射モデル」とも言われている。この考え方の事例としてよく取り上げられるのが、1938年10月30日にアメリカの

初期のマス・コミ・モデル

マス・メディア

○＝大衆を構成する
　孤立した個人

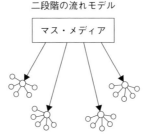

二段階の流れモデル

マス・メディア

○＝オピニオン・リーダー
ᠥ＝オピニオン・リーダーと
　社会的接触をもつ個人

図7−1　伝統的なマス・コミのモデルと比較した、メディアの
影響の二段階の流れのモデル（McQuail,D. and Windahl,S.,
訳書, 1986, p.71）

CBS局で放送された
SFラジオドラマ『宇宙戦争』（イギリスの小説家H・G・ウェルズのSF小説『宇宙戦争』を脚色。原作：Wells, H. G., 1898, 訳書）である。人類よりも優れた知能をもつ火星人が地球に侵攻してくるが、それと戦う地球人の軍隊は壊滅し、人類が破滅的な事態に

追い込まれていく姿を臨場感を高めるために現場からの実況中継を間に挟むという臨時ニュース形式で放送した。そのためにラジオ聴取者約600万人のうち100万人以上の人たちがそれを事実と錯覚し、パニック状態に陥ったとされる。電話で家族・親戚や友人に緊急を告げたり危険を知らせたり、家に留まって死ぬ覚悟を決めたり、荷造りをして車で逃げだしたりした。ラジオのチャンネルを回すと他局で教会音楽が流れていたのを死を待つ祈りと思ったり、通りに車が来ないことを道路が破壊されたからだと思ったり、窓の外のいつもと同じ様子を見て火星人はまだこの地区には来ていないと思ったり、街が車で混んでいるのを見てみんな急いで逃げていると思ったりしたのである。人々は自分の観察結果をラジオ放送が真実であることの証拠と考えたのである（Cantril, H., 1940, 訳書, pp.87−112/p.95）。もっともこの当時はナチスの台頭によるヨーロッパ情勢の緊迫と不安といった特殊な社会的背景があった。

　この強力効果論は、その後、マス・メディアの効果を過度に強調しているとか、マス・コミュニケーション過程を過度に単純化した素朴モデルだと評価された。しかし、今日においてもテレビの暴力場面や犯罪場面や性的場面の描写が子どもの発達に悪影響を及ぼしているとする意見が広く見られるが、それは

こうした強力効果論の考え方の意見であって、素朴で単純明快であるだけに一般には受け入れられやすい。

♪ 2．限定効果論 ♪

　1940年代に入ると、マス・メディアの影響力は強力効果論ほど強くはなく、限定的であるという限定効果論が現れた。この限定効果論の代表的な研究が「コミュニケーションの二段階の流れ理論 (two-step flow of communication)」(1944) である。

　この研究は、1940年に行われた大統領選挙の投票行動におけるマス・メディアの影響力を調べるために社会学者のラザースフェルド (Lazarsfeld, P. F.) を中心に行われたもので、調査は強力効果論のモデルにしたがって計画され、人々の投票の意思決定に対するマス・メディアの影響力（この場合、選挙キャンペーンの効果）を検証することを目的としていた。選挙キャンペーンが有権者の投票行動に変化をもたらすのかどうかを調査するために投票意図、マス・メディアへの接触頻度、投票意図変更の有無とその理由および個人的特性がパネル調査法（同じ調査対象に反復して同じ質問をする方法）によって行われた。

　だが、調査結果は、強力効果論を支持するものではなかった。しかし、その調査結果からさまざまな仮説が導き出された (Lazarsfeld, P. F., Berelson, B.and Gaudet, H., 1944，訳書)。それらの仮説をラザースフェルドは次のようにまとめている。

（1）政治的先有傾向の仮説

　人々が経験によってすでにもっている意見、態度、信念などを「先有傾向」といい、有権者が選挙キャンペーンに接触する以前からもっていた政治的な意見や態度、信念などを政治的先有傾向という。有権者の投票の意思決定はマス・メディアの選挙キャンペーンによって影響されるのではなく、有権者がすでにもっている政治的先有傾向によって決定される。

（2）選択的接触の仮説

　人々は自分の意見や態度、信念に合致するマス・メディアには接触するが、

つまり自分の先有傾向に沿う情報には接触するが、自分の意見や態度、信念に合致しないもの、先有傾向に沿わないものには接触しない。これを「選択的接触」という。したがって有権者は自分の支持する政党の宣伝には接触するが、支持しない政党の宣伝には接触しない。マス・メディアの影響力は限定的だというわけである。

（3）マス・メディアの効果のパターンの仮説

投票行動と選挙キャンペーンとの関係から3つの効果のパターンが見出された。顕在化の効果、補強効果、改変効果である。「顕在化の効果」とは人々が自分では十分に自覚しないまま、あるいは曖昧なまま、潜在的にもっているような意見や態度をマス・メディアに接触することによって明確に意識化していくような効果のことであり、「補強効果」とは人々がすでにもっている意見や態度の方向性がマス・メディアに接触することによって一層強化されていくような効果をいう。また「改変効果」とは人々の既存の意見や態度がマス・メディアに接触することによって変化するという効果をいう。マス・メディアの効果としては「補強効果」が多く、次いで「顕在化の効果」が多いとされている。

（4）オピニオン・リーダーの仮説

人々に影響を与えるのは、マス・メディアよりも個人的な対人的コミュニケーションによるところが大きい。家族や友人などの個人的ネットワークである。そのなかでもとくにマス・メディアへの接触量が多く、情報量を多く所有し、その情報を所属集団のメンバー（個人）に伝達してメンバーの意見・態度に影響を与えるようなインフォーマルなリーダーを「オピニオン・リーダー」という。このオピニオン・リーダーが人々の意思決定に影響力を及ぼし、コミュニケーションの流れを促進したり阻止したり、あるいはメンバーを方向づけるという中枢的機能を果たしている。マス・コミュニケーションよりも対人的なパーソナル・コミュニケーションの方が所属集団のメンバーに対して強い影響を与えているというわけである。なお、オピニオン・リーダーはマス・コミュニケーションの内容の領域ごとに替わり、また所属集団内での階層が上位に位置しているとは限らない。

（5）「コミュニケーションの二段階の流れ理論」の仮説

　このオピニオン・リーダーの仮説から、マス・メディアの影響は直接受け手に流れるのではなく、[マス・メディア]→[オピニオン・リーダー]→[受け手]というプロセスを辿る「コミュニケーションの二段階の流れ理論」が生まれた（図7‐1）。マス・メディアの影響は、まず受け手の所属する「第一次集団」（第1章参照）のオピニオン・リーダーに流れ、そのオピニオン・リーダーからフォロワーとしての受け手に流れていくというのである。マス・メディア（送り手）が発信する情報そのものは、直接受け手に流れるが（情報の流れ）、しかしそのマス・メディアが発信する情報にオピニオン・リーダーによる新たな解釈や判断、価値が付与され、その付与された解釈・判断・価値が受け手に流れていく（影響の流れ）。受け手の態度や行動という意思決定は、マス・メディアの情報ではなく、オピニオン・リーダーの解釈・判断・価値に左右されるというわけである。情報の流れと影響の流れは異なるのである。

　先に、大衆は不特定多数の人々の集合体であり、相互接触もなく連帯感もなく、孤立的で匿名的であって、マス・メディアから一方的に大量の情報を送られてくるだけの受動的存在であると述べたが、この「コミュニケーションの二段階の流れ理論」に従えば、受け手である大衆は孤立・分散しているのではなく、第一次集団のなかで相互作用しているメンバーであり（図7‐1）、「弾丸効果論」や「皮下注射モデル」のように無媒介・直接的に、また無批判にマス・メディアの影響を受けるわけではないこと、その第一次集団のなかでマス・メディアへの接触が多く、情報に豊富なものがオピニオン・リーダーとなり、他のメンバーに影響を与えること、したがって受け手に対してはマス・コミュニケーションよりもパーソナル・コミュニケーションの影響力の方が大きいこと、そして「情報の流れ」と「影響の流れ」は区別されること、といった点が指摘できる。マス・メディアの効果は直接的なものでもなく強力なものでもなく、間接的で限定的に効果をもつものだというのである（限定効果論）。したがって受け手の所属している第一次集団の凝集性（集団のメンバーを結びつける、集団結合の強さを示す）、価値や規範、メンバーの所属意識やメンバー間の緊密性

が重要になってくる。その第一次集団の凝集性が高く、メンバー間の緊密性が高ければ、マス・コミュニケーション過程における第一次集団の影響力は強いだろうし、そうでなければ第一次集団の影響力は弱いだろう。

　マス・コミュニケーション過程を集団との関連でとらえようとする、こうした研究は、現在「準拠集団」（第1章参照）の理論として進められている。マス・メディアの受け手の態度や行動を準拠集団との関連でとらえようとするのである。たとえば、子どもの仲間集団への帰属意識の高さによって接触するマス・メディアの内容やその解釈に違いがあるといった研究がある（Riley, M. W. & Riley, J. W. Jr., 1951）。

🍃 3. 新しい強力効果論 🍃

　1970年代になると、マス・メディアの影響力は弾丸効果論ほどに強くはないが、しかし一定程度の影響力はあるとして「新しい強力効果論」が現れた。これまでの強力効果論（弾丸効果論）や限定効果論ではマス・メディアの情報が人々の態度に影響するかどうか、どの程度影響するか（強力か限定的か）という個人への影響（効果）を問題にしてきたが、「新しい強力効果論」では社会を視野に入れて社会のなかでのマス・メディアの機能を問題にするようになってきたのである。それはこれまでのマス・メディアがラジオと印刷メディア（新聞・雑誌）に限られていたが、1960年代に入ってテレビが急速に普及してきたからである。この新しい強力効果論には多様な考え方があるが、主要な考え方として、議題設定機能、沈黙の螺旋過程、培養理論がある。ここでは培養理論を簡単に見ておこう。

　培養理論は、社会心理学者のガーブナー（Gerbner, G.）とグロス（Gross, L.）が提起した仮説で、とくにテレビは他のメディアと異なり、読み書きの能力を必要とせず、また日常的な接触（娯楽など）、習慣化した非選択的接触（つけっぱなし）、画一的な内容と共有化（みんな見ている）といった特徴があるとして、テレビに焦点を合わせ、その長期的・累積的な影響（効果）について考察している。「テレビは多くの人々を標準化された役割や行動へと社会化していくメディア

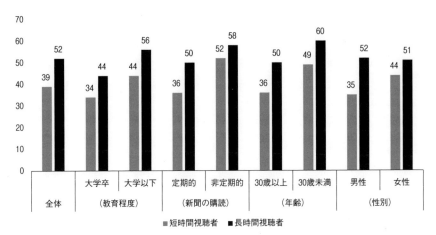

図7－2　暴力に巻き込まれる確率について「テレビ寄りの回答」（誇張）をした人の割合（％）
（Gerbner,G., and Gross,L., 1976, p.193. より作成）

である」（Gerbner, G. & Gross, L., 1976, p.175）とガーブナーとグロスは述べている。
彼らが問題にしたのはテレビの暴力シーンが受け手に及ぼす影響（効果）につ
いてだった。彼らはテレビの３大ネットワーク（ABC、CBS、NBC）で放送され
たテレビドラマ（毎日午後８～11時のプライムタイムのドラマおよび土日の午前８時～午
後２時の子ども向けドラマ）の内容分析を行ったが、その結果1967～1975年の番組
のうち平均して79.8％の番組に暴力シーンが含まれており、１つの番組に平均
5.1回の暴力シーンが現れ、番組の登場人物が暴力に関わった割合は62.9％、登
場人物が殺人に関わったのは10.2％だった（Gerbner, G. & Gross,, L., 1976, p.195.）。
そしてこれをテレビ長時間視聴者（１日４時間以上）と短時間視聴者（１日２時間
以下）に分けて「テレビ寄りの回答」（television anser）の割合を見たのである。
現実生活において人々が１週間のうちに実際に暴力に巻き込まれる危険性は１
％以下である。しかし、テレビドラマには暴力がはびこっているからテレビの
長時間視聴者はその影響を受けて、それよりもはるかに「多い」回答、つまり
５％という「テレビ寄りの回答」とするだろうというわけである。図７－２は
暴力に巻き込まれる危険性が５％だとする「テレビ寄りの回答」の割合を示し

ている。性、年齢、学歴、また新聞の定期購読か否かにかかわらず、テレビ長時間視聴者の方が「テレビ寄りの回答」をしている。暴力シーンの多いテレビドラマの世界に長時間にわたって接触していれば、実際の現実世界においても暴力に巻き込まれる危険性を強く感じるようになるというわけである。テレビ長時間視聴者はテレビドラマが描く暴力のはびこる世界という「シンボリックな現実」を現実の世界、つまり「客観的現実」だと認識してしまうのである。「シンボリックな現実」（テレビドラマの世界）を「客観的現実」と混同してしまうのである。だが、「シンボリックな現実」と「客観的現実」とは著しく異なる。

　このようにテレビの描く「シンボリックな現実」が視聴者の現実世界についての認識に影響を与えていく過程（培養）を探ろうとするのが「培養理論」である。

　なお、「議題設定機能」とは、マス・メディアがある問題を集中的に報道すると、それが「今何が重要な争点であるか」（＝議題）を人々に提示することになるという考え方であり、「沈黙の螺旋過程」とは、人は自分が多数派だと認知すれば積極的に意見を表明するが、少数派だと認知すれば孤立を恐れて沈黙してしまうという考え方である。

第4節　マス・メディアと擬似環境の環境化

1．直接的生活環境と間接的生活環境

　先に述べたように、テレビの描く「シンボリックな現実」が人々の「客観的現実」の認識に影響を与えることは事実である。だが、さらに言えば、人々は、現実世界である「客観的現実」をマス・メディアの描く「シンボリックな現実」に基づいてとらえるが、その「シンボリックな現実」に基づいて自分の頭のなかに「主観的現実」を描くのである。そしてこの「主観的現実」に従って人々は意思決定をし、行動する。

　ところで、われわれは周囲の環境に適応しながら日常生活を営んでいる。こ

の日常生活に影響を与える自然的・社会的状況を生活環境と呼んでおこう。と
すれば、今日においては、われわれの生活環境は交通通信技術の発達とマス・
メディアの発達によって飛躍的に拡大してきた。かつての社会では、日常的な
生活行動は一定の狭い範囲に限られていたから、生活環境といっても自分の感
覚器官によって直接把握し、確認することができた。われわれが直接的に接触
できる範囲が生活環境だったのである。直接的生活環境といっておこう。だが、
今日においてはわれわれの生活環境は一挙に拡大し、直接的生活環境の範囲を
越えた領域にまで拡大するようになった。これを間接的生活環境といっておこ
う。だからわれわれは、こうした間接的生活環境にも適応していかなければな
らない。2022年2月にロシアはウクライナに侵攻し、これがために西側諸国は
経済制裁としてロシア産資源の禁輸措置を行い、一方ロシアもその対抗措置と
して天然資源の輸出量を絞って西側諸国に圧力を加えたため国際エネルギー市
場における需給のバランスが崩れて世界的にエネルギー価格は上昇し、電気や
ガスの料金値上げとなってわれわれの日常生活を圧迫するようになった。こう
した急激に変化する状況にもわれわれは適応していかなければならなくなった。
また、ロシアとウクライナは世界有数の小麦輸出国であるが（両国で世界の輸出
数量の1/4を占める）、この戦争によって両国の小麦の生産や輸出が減少したた
め小麦の世界的な需給バランスが崩れて小麦不足になり、小麦価格は大幅に上
昇した。日本は8割以上をアメリカ、カナダ、オーストラリアからの輸入小麦
に依存しており、ウクライナやロシアからは輸入していないが、世界的な小麦
価格の上昇の余波を受けて日本においても小麦価格が大幅に上昇した。かくて
拙宅近くのショッピングセンターにあるたこ焼き屋は2023年3月から「たこ焼
8個」が538円からテイクアウト626円に値上がりして、私の日常生活を直撃し、
圧迫するようになった。

　しかし、われわれは、こうしたロシアのウクライナ侵攻の事実を直接知るこ
とはできない。ウクライナまで出かけていって侵攻の事実を確認するような作
業はできない。侵攻の事実はマス・メディアの提供する情報によってしか知る
ことができない。マス・メディアの情報によって事実を知り、それを現実だと

判断して、その現実に対処していかざるをえない。結果、これまで毎週1回食べていた「たこ焼き」を10日に1回にせざるをえない。

　今日のように高度に複雑化・多様化した社会になると、われわれが自分の感覚器官で直接に把握・確認できるような生活環境はきわめて狭い範囲に限られる。その直接的生活環境を越えた間接的生活環境の事実はマス・メディアの情報に依存せざるをえない。遠い外国の出来事どころか、国内や県内の、いや居住している市内の出来事でさえも、われわれはマス・メディアの情報に依存しなければ何も知ることができない。その意味でマス・メディアの情報がわれわれの生活環境を構成しているといえる。このように情報から成る環境を「情報環境」という。

ꙮ　2．現実環境と擬似環境　ꙮ

　ところが、この情報環境は、現実世界の現実環境を正確に反映しているわけではない。マス・メディアの情報といってもすべての事実をありのままに伝達することはできない。まず日々の膨大な出来事の中から「伝達する情報」と「伝達しない情報」を分けなければならない。情報の取捨選択である。これは送り手のメディア組織が決める。その組織のなかで、このような情報の流れを制御する役割を担っている人を「ゲートキーパー」(門番という意味)といい (編集者など)、こうした過程をゲートキーピングという。そしてメディア組織がある出来事を選択して人々 (受け手＝大衆) に伝達すれば、その出来事は、人々にとって実際に重要であるか否かにかかわらず、重要な争点として位置づけられる。マス・メディアが人々に対して「今何が重要な争点であるか」(＝議題) を提示するというわけである。これが先に述べたマス・メディアの「議題設定機能」である。言い換えれば、マス・メディアがわれわれが適応すべき生活環境を取捨選択し、規定し、提供するというわけである。だが、取捨選択される情報 (＝議題) は日々の膨大な出来事のなかから多くの人々の関心を集めそうな話題性のあるもの、社会的影響がありそうなもの、新規性や希少性のありそうなものに限られやすい。だからマス・メディアが「伝達しない情報」にもわれ

われにとって重要な問題が含まれているかも知れないのである。したがってマス・メディアによる情報環境といっても、それがわれわれの現実世界、つまり「客観的現実」を正確に反映しているとは限らない。

　そしてまた、マス・メディアの情報の伝達過程においても歪みが生じる。伝達過程において多くのゲートキーパーが関与するからである。情報が受け手に伝達される過程は、情報の収集、選択と取材、記事の作成、編集や加工・整理といった一連の流れを辿るが、その過程においてそれぞれの作業に携わるゲートキーパーがいる。そうしたゲートキーパー各自の視点、判断、解釈、評価がその伝達過程のなかに介入し、またゲートキーパー各自の観察力や表現力、知識量がその伝達過程を左右する。つまりマス・メディアの情報はその限りにおいてとらえられた事実でしかない。だから事実の報道とはいえ、マス・メディアの報道する事実は、部分的に省略されたり強調されたり、脚色されたり、あるいは誤認・誤解されたり、歪曲された結果なのである。そのためにマス・メディアの報道する事実（＝シンボリックな現実）と「客観的現実」との間にはどうしても齟齬が生じてしまうのである。そこでマス・メディアの情報、つまり情報環境を「客観的現実」としての環境（＝現実環境）に対して「擬似環境」という。現実とよく似ている環境という意味である。

　したがって、われわれは「客観的現実」としての現実環境に対処しているように思っているけれども、実はマス・メディアの情報によってつくり上げられた擬似環境に対処しているのである。先に述べた培養理論が示している人間を取り巻く諸現実にしたがっていえば、「客観的現実」（現実環境）についてのマス・メディアの情報による「シンボリックな現実」（＝情報環境）、つまり「擬似環境」に基づいて、われわれは自分の頭のなかで「主観的現実」、つまり「環境のイメージ」をつくり上げ、その「主観的現実」＝「環境イメージ」に従って意思決定をし、行動しているのである。生活環境という側面から言えば、［現実環境］（客観的現実）→［擬似環境］（シンボリックな現実）→［環境イメージ］（主観的現実）という図式ができあがる。われわれは「擬似環境」を「現実環境」だと思い込み、その擬似環境を解釈し、判断し、定義づけて「環境イメージ」

を形成している。朝、大学に行く時に真っ青に晴れ上がった空を見て（現実環境）「今日はいい天気に違いない。幸せだなァ」と晴れやかな気分になってテレビをつけると、お天気キャスターのお兄さんかお姉さんが元気よくにこやかに「今日は午後から大雨になるでしょう」と話せば（擬似環境）、「なんだ、雨か、」と晴れやかな気分は一瞬にしてぶち壊れ、惨めな気分に襲われつつも、その天気予報を信じて（環境イメージ）、しぶしぶ傘を持っていく（意思決定と行動）のである。

　こうして擬似環境がわれわれの生活環境となる。これを「擬似環境の環境化」（藤竹, 2004, pp.43-44）という。社会学者トマス（Thomas, W. I.）は「もし人がある状況を真実であると定義すれば、その状況は結果において真実である」（トマスの公理：Thomas theorem）と述べたが（状況の定義）、正にわれわれが環境としてとらえているものは客観的に実在している状況そのものではなく、そのように想像し、判断し、そのように定義していることなのである。

🌿 3．擬似環境の環境化 🌿

　ところで、マス・メディアの情報が擬似環境をつくり上げていくのは、2つの場合がある。1つは、マス・メディアの送り手（メディア組織）の情報の伝達過程で何らかの障害が生じ、結果として伝達される情報（情報環境＝擬似環境）と現実環境との間に齟齬が生じるという場合である。それは、先に述べたように、情報の伝達過程において多くのゲートキーパーが関与し、彼らの価値観や解釈、知識量などがそこに反映するからであるが、さらに、たとえば新聞の場合、どのような言葉で表現するか（ステレオタイプ〔固定観念や思い込みのこと〕的な言葉など）、字数の制限、紙面のレイアウト（紙面の位置）などによって受け手のイメージが異なり、事実を歪めて受け取るし、テレビであれば、報道時間の制約、情報の伝達順序、カメラ割り、カメラワークなどによって事実のある部分が切断されたり、ある部分が強調されたりして、情報が断片的になる場合もある。こうして擬似環境が環境化していくわけである。しかし、これらはメディア組織が意識的・意図的に行ったものでない。いわば無作為の歪曲である。

ところが、その一方でメディア組織が意識的・意図的に擬似環境をつくり上げていく場合がある。マス・メディアも営利企業であり、その収入源はスポンサー企業からの広告収入であるから、スポンサー企業の商品を広く人々に広告・宣伝し、新たな欲望をいだかせて消費行動に結びつけさせねばならない。だからマス・メディアは広告・宣伝の効果を最大限にするために多数の受け手を獲得しようとする。そのために先に述べたように、マス・メディアは話題性があり、社会性があり、新規性や希少性のありそうな出来事を情報内容として選びやすい。だが、それが高じれば、事実を歪曲したり、架空の話をつくり上げてしまうことさえある。アメリカのワシントン・ポスト紙の「ジミーの世界」（1980年，8歳のヘロイン中毒少年の生活を紹介，1981年ピューリッツァー賞受賞、後に捏造記事とわかり返上）、日本のある全国紙の「珊瑚損傷事件」（1989年，記者とカメラマンの自作自演報道）などは虚偽報道の例である。テレビでも、バラエティー番組『発掘!あるある大事典II』のデータ捏造事件がある。「納豆のダイエット効果」を特集した番組だったが（2007）、後に実験データの捏造や虚偽の写真資料の使用が判明した。

　しかし、無作為の歪曲にしろ、意図的な歪曲にしろ、受け手である人々はそれが事実かどうかの確定作業ができない。だから人々はマス・メディアによる情報環境、すなわち擬似環境を現実環境と認知して、その擬似環境にしたがって意識・態度・行動を決定するのである。実際、「納豆のダイエット効果」のテレビ番組では放送直後から全国のスーパー等の食料品店で納豆が一斉に売り切れ、品薄となり、メーカーが品薄について新聞にお詫び広告を掲載するほどの事件になった。先のSFラジオドラマ『宇宙戦争』も擬似環境の環境化の顕著な例である。

4．擬似環境と子どもの社会化

　こうして擬似環境が環境化するようになると、人々はその擬似環境（シンボリックな現実）から現実環境（客観的現実）の環境イメージ（主観的現実）を形成し、その環境イメージに適応していくようになる。しかも近年はメディア・テクノ

ロジーの発展によって擬似環境はますます現実性を帯びて現実環境に近くなってきている。擬似環境は限りなく肥大化しているのである。さらにマス・メディアは不特定多数の受け手獲得のために画一的、斉一的な内容の情報を提供しているから、結果として一元的な擬似環境像が形成され、多くの人々の共有する環境イメージとなり、人々の適応様式も画一化、斉一化されていく。

　こうした擬似環境の環境化は子どもや青少年に対しても生じる。否、むしろ子どもや青少年は未だ批判的能力が未熟なだけに容易に擬似環境の世界に巻き込まれやすい。擬似環境に長く接触しているほど、その影響を受けやすいのである。こうした問題について、これまではとくに暴力的有害情報や性的有害情報とに焦点を当てた調査研究が国内外を問わず盛んに行われてきた（平成28年度文部科学省委託調査にはメディア表現の影響についての内外の多数の調査研究がレビューされている）。こうしたなかから少し前の資料になるが、分かりやすい例をあげよう。

表7－1　下品／ナンセンスな番組視聴と暴力／いじめに対する許容度

人数（%）

		暴力／いじめに対する許容度		合計
		高い	低い	
下品／ナンセンスな番組視聴量	多い	246　（41.1）	352　（58.9）	598　（100）
	少ない	129　（32.4）	269　（67.6）	398　（100）
合計		375　（37.7）	621　（62.3）	996　（100）

χ2＝7.74　　　p＜.01

表7－2　エッチ／おませな番組視聴と性に対する許容度

人数（%）

		性に対する許容度		合計
		高い	低い	
エッチ／おませな番組視聴量	多い	175　（54.9）	144　（45.1）	319　（100）
	少ない	150　（26.5）	415　（73.5）	565　（100）
合計		325　（36.8）	559　（63.2）	884　（100）

χ2＝70.28　　　p＜.001

対象：小学4～6年生592名、中学1～3年生594名、合計1186名（男589名、女597名）
表7－1・表7－2，社団法人青少年育成国民会議『平成15年度青少年有害環境対策推進研究報告書』2004，p.59，およびp.61．但し、佐々木輝美「考察3」による。また、見やすいように表の項目を入れ替えた。

表7－1、2は、子どものテレビ視聴について見たものである。テレビは先に述べたように映像メディアであり、視覚と聴覚に同時に訴える迫真性と臨場感があり、マス・メディアのなかでも子どもに対してとくに影響力が強い。表7－1は、笑いを伴ったいじめや暴力描写、乱れた言葉遣いなどを内容とする下品／ナンセンスなテレビ番組視聴量と暴力・いじめに対する許容度との関係について、表7－2は性描写やモラルに反する男女関係、卑猥な会話などを内容とするエッチ／おませなテレビ番組視聴と性に対する許容度との関係について、小学生と中学生を対象に調査したものである。いずれも視聴量が多い子どもは少ない子どもよりも暴力／いじめに対する許容度は高く、性に対する許容度も高い傾向にある。それぞれ有意差（ある事象の起こる確率が偶然ではなく本質的な違いによるものと考えられること）があり、顕著な差異を示している。いじめや暴力を笑いの種にした暴力的な表現に長く接触しているほど、あるいは頻繁に接触することによって、いじめや暴力に対する許容度が高くなったり（たとえば、男はケンカが強い方がかっこいい）、時には攻撃的行動を誘発したり（口で言っても解決しなければ暴力をふるってもよい）、また性描写や性的表現に接触することによって性に対する許容度が高くなったり（お互いを好きなら手をつないで歩いてもいい）、時には性的行動を触発したり（自分が好きなら人前でキスをしてもいい）するというわけである。

　そして先に述べたように、マス・メディアは不特定多数の受け手を獲得するために、たとえばテレビでは娯楽番組やバラエティ番組を提供し、また興味本位の、過度に誇張した暴力表現や性的表現の番組を提供する。子ども向け番組でも同じである。だが、こうした番組を長く視聴し続けると、あるいは繰り返し視聴していると、テレビ番組のシンボリックな現実が擬似環境となり、子どもはそれを客観的現実（現実環境）と認識し、主観的現実（環境イメージ）を構成して、意識や態度・行動を形成していくのである（培養理論）。表7－1および表7－2は、このことを示している。

　しかも、今日のコロナ禍において、子どもたちのテレビ視聴は大幅に増えている。国立成育医療研究センターの保護者対象の調査（2021）によれば（コロナ

が蔓延する前に比べて）「子どものテレビやスマホ、ゲームを見る時間が増えた」とするのは小学４〜６年生では53％、中学生では56％（但し１時間以上の増加。また2020年１月から調査実施時期の９月１日〜10月31日の間の変化）であり、過半数の子どものメディアへの接触時間が増えている（国立成育医療研究センター, 2021, p.19）。そうとすれば、こうした傾向は子どもたちの間でさらに浸透していくのではないかと思われる。

（住田　正樹）

【引用・参考文献】

Cantril, H., 1940, *The invasion from Mars*, Princeton University Press,（＝1971, 斎藤耕二・菊池章夫訳『火星からの侵入』川島書店）

藤竹暁, 2004,『環境になったメディア—マスメディアは社会をどう変えているか—』北樹出版

Gerbner,G. and Gross,L., 1976, Living With Television: The Violence Profile, *Journal of Communication*, 26 (2), 172-199

国立成育医療研究センター, 2021,『コロナ×こどもアンケート　第３回調査報告書』

Lazarsfeld, P.F., Berelson,B. and Gaudet, H., 1944, *The People's Choice: How the Voter Makes Up His Mind in a Presidential Campaign*, Columbia University Press,（＝1987, 有吉広介監訳『ピープルズ・チョイス—アメリカ人と大統領選挙—』芦書房）

McQail, D. and Windahl, S., 1981, *Communication Models for the Study of Mass Communications*, Longman,（＝1986, 山中正剛・黒田勇訳『コミュニケーション・モデルズ—マス・コミ研究のために—』松籟社）

Mills, C.W., 1956, *The Power Elite*, Oxford University Press,（＝1958, 鵜飼信成・綿貫譲治訳『パワー・エリート』（上）（下）, 東京大学出版会）

文部科学省委託調査（株式会社リベルタス・コンサルティング）, 2017,『青少年を取り巻くメディアと意識・行動に関する調査研究（平成28年度）』

Riley, M. W. & Riley, J. W. Jr., 1951, A Sociological Approach to Communications Research, *Public Opinion Quarterly*, 15, 445-460

Wells, H. G., 1898, *The War of the Worlds*,（＝2005, 小田麻紀訳『宇宙戦争』角川書店）

【ブックガイド】

●Katz, E. and Lazarsfeld, P. F., 1955, *Personal Influence: The Part Played by People in the Flow of Mass Communication*, The Free Press.（＝1965, 竹内郁郎訳『パーソナル・インフルエンス—オピニオン・リーダーと人々の意思決定—』培風館）：マス・コミュニケーション研究の最も代表的な著作。オピニオン・リーダーの概念をもとに「コミュニケーションの二段階の流れ理論」を提唱し、マス・コミュニケーションの影響と

ともにパーソナルな影響が人々の意思決定に大きな影響を及ぼすことを明らかにした。

●McQuail, D. 1983. *Mass Communication Theory: An Introduction*, Sage Publication.（＝1985，竹内郁郎・三上俊治・竹下俊郎・水野博介訳『マス・コミュニケーション理論』新曜社）：マス・コミュニケーションの定義やメディア論、受け手論、効果論などマス・コミュニケーションを社会学的な視点から幅広く分析し、考察した理論書。

●稲増一憲，2022，『マスメディアとは何か―「影響力」の正体―』中公論新社：マスメディア研究の系譜を分かりやすくまとめた書。本章で取り上げた強力効果論、限定効果論、あらたな強力効果論を要領よく説明するとともに、現在のインターネットの問題をも取り上げている。

Chapter 8 ニューメディアと子どもたち

第1節 ニューメディア時代の子どもたち

1. ニューメディアの特徴

　ニューメディアは、IT（Information Technology 情報技術）に基づくコンピュータを利用したデジタル情報を活用する情報媒体を意味する。労働、教育、社会生活などにおけるITの普及と進歩は、スキルに依存したIT活用だけでなく、誰でも意識せずに外部とつながるネットワーク社会への移行を促した。ニューメディアは情報の受け手が送り手でもあるという双方向性を特徴とし、とくにネットワークを通じた情報化を支えるICT（Information and Communication Technology情報通信技術）に支えられている。

　近代以降に発達した新聞やテレビといったマス・メディアが、送り手から受け手へ一方向にだけ情報伝達をしていたのに対し、ニューメディアは「メールを打つ」「ブログを書く」「動画を投稿する」のように、利用者すべてに情報発信の可能性が開かれている点で大きく異なっている。また、デジタルデータを扱うため、データの送受信、復元、保存、加工などに関して有利である。この「デジタル性」もニューメディアの特徴である。

　伊藤らは「双方向メディア」「デジタルメディア」ではなく「ニューメディア」という用語を採用する理由として、「ニューメディア」は携帯電話やゲーム機など、ユーザーが直接利用する端末や環境である特定のプラットフォームに依存することなく、状況や関係性によって現れる変幻自在な性質を表現するのにふさわしいと説明する（Ito et al., 2010, p.10）。つまり新聞やテレビがマス・メディアを意味するのと同じような意味でニューメディアをパソコン、スマー

トフォン、ゲーム機などと同一視することはできず、そこでどのような経験が起きているかを考えなければならない。

2. 社会化環境としてのメディア

（1）子どもにとってのメディアの変遷

近代以降の平均的な日本人にとっては地域や家族が社会化のエージェントであった。一方、マス・メディアは従来のエージェントとは別の経路を通じ、直接社会化機能を果たすものであった。明治期に出現した新聞や雑誌、戦前の昭和期にはラジオ、戦後にはテレビとさまざまな媒体が情報や社会的なメッセージや娯楽を国民に伝えてきた。新聞、雑誌など活字メディアは、子どもに関する情報の受け手として大人が想定しており、子どもに向けて直接発信するものは多くなかった。戦前のラジオや戦後のテレビ普及後にようやく、子どもは「一人前の情報の受け手」となった。たとえば、葉口（2008）は昭和初期のラジオ番組が音楽を中心とした子ども向け番組として成立したことを指摘している。

戦後になりテレビの時代が到来すると、マス・メディアと子どもの距離はいっそう近づくことになる。1950年代までの子ども向けテレビ番組は「名犬リンチンチン」のようなアメリカ製ドラマを輸入したものや子ども向けに製作されたはじめてのNHK人形劇「チロリン村とくるみの木」から、「月光仮面」「少年ジェット」など国内製作による子ども向け番組へと拡充していった。

その中でも注目すべきは1963年のアニメーション「鉄腕アトム」「鉄人28号」「エイトマン」「狼少年ケン」という一連の作品である。アトムは明治製菓、鉄人は江崎グリコ、エイトマンは丸美屋食品、ケンが森永製菓とそれぞれ製菓・食品メーカーがスポンサーにつき、本格的に子どもを視聴者、すなわち消費者としてとらえる時代が幕を開けた。企業名を連呼する動画をアニメのオープニング（主題歌）映像の前後に連続させる手法や、子どもが欲しがる商品とタイアップしたおまけ商法も広がり、日本でのキャラクター・ビジネスが成長する基盤となった。

視聴率とともに商品の売り上げを基準として、子どもに受け入れられる番組

作りが意識されることで、社会化エージェントとしてのマス・メディアは子どもへの直接的影響力を強めることになった。一方で、子ども番組と視聴者としての子どものあいだには、番組選択や内容についての解釈に影響を与える家族というフィルターも存在した。

（2）メディアで学ぶ子ども

親や教師は子どもに対して指示や情報伝達を行う際になんらかの解説を行う。とくに現代では一方的にしつけや教育行為を押しつけるのではなく、「なぜそうなのか」という意図・背景などを納得させる風潮が強い。それと比べると、マス・メディアの情報は鵜呑みにすることを前提とされている。子ども向け番組の登場人物の決めぜりふやポーズ、芸人のギャグやCMソングなどの真似をして仲間たちと共有することが子どもの喜びとなり、目的や意味は意識されない。

対象に直接介入するマス・メディアは従来の社会化系列を揺り動かすことになった。藤田（1991）は学校や職場などの各領域間にしっかりとした境界があり、その間を一方向に進行する分節型社会における社会化が、境界を曖昧にしながら社会化段階（時期）についてもさまざまな組み合わせが可能となるクロスオーバー型社会における社会化へと変化したと説明し、そのような変化を引き起こす契機のひとつに情報化をあげる。

さて、一家に一台のテレビが居間に据えられ、家族そろってテレビを観ていた時代であれば、親子とも同じような情報を得られていた。また親が子どものテレビ視聴をコントロールすることもできたし、家族という解釈のフィルターを通してテレビを観ることも可能となる[1]。このようなマス・メディアの集団的受容を崩壊させることになったのがニューメディアである。

■ 第2節 子どもをとりまくインターネット環境 ■

1. 普及と利用の現状

（1）インターネットの普及と利用

　総務省の「通信利用動向調査」によれば、パソコンの世帯所有率は1990年代半ばまでは10％台に留まっていたが、2005年には80％を越える急速なペースで普及が進んだ。2002年に複数台を所有する世帯は25.7％あり、パソコンが家庭で便利な道具として受け入れられていく様子がうかがえる。その後、パソコンの世帯保有率は2009年の87.2％を境に低下し、2021年には69.8％となっている。これは2010年にスマートフォンが日本に登場し、急速に普及した影響と考えられる。

　青少年のインターネット利用についてみると、小・中・高校生全体のインターネット使用率は98.5％である（内閣府，2022）。2014年ですでに83.2％あったものが、ほぼ普及しきった状態となった。低年齢層の子どもたちに限定してもインターネット利用率は上昇している。0〜9歳の利用率は2017年の39.2％から、2022年度の74.4％と大きく伸びている。とくに1歳の28.6％から2歳の62.5％の増加がもっとも大きく、その後7歳では9割を超える。インターネット経験＝スマートフォンの所持という印象が強いが、低年齢層ではインターネット接続されたテレビ、自宅のPCやタブレット、ゲーム機などが利用されており、大人が気づきにくいところでのインターネットの接触機会や使用期間など、社会化環境へ一層の配慮が必要となるだろう。

　内閣府の調査（2022）によると、青少年の平日におけるインターネット利用時間は平均で1日あたり280.5分（小学生213.7分、中学生277.0分、高校生345.0分）であり、年齢とともに利用時間が大きく伸びている。2019年と比較して全体平均で約100分増加している。小中高校生の1日あたりの目的別利用時間の内訳は、趣味・娯楽が最も多く168.9分、勉強・学習・知育が57.8分、保護者・友人とのコミュニケーションが52.1分となっている。2019年と比べると娯楽分野は約50

分伸びているが、文部科学省によるGIGAスクール構想（学校に１人１台端末及び高速大容量の通信ネットワークを整備し、児童生徒の特性や意欲などに応じた個別最適化を図る教育ICT体系の確立）の導入以降は学習分野も数字を伸ばしている。

　０～９歳のインターネット利用時間は、2017年の60.9分から2022年121.9分と倍増している。低年齢ほど睡眠時間が長いという特徴を考えれば、低年齢層の１日の活動に占めるインターネット接触はかなり大きな割合を占めるといえるだろう。低年齢層の１日あたりの目的別利用時の内訳は、趣味・娯楽がもっとも多く100.1分、勉強・学習・知育が24.2分、保護者・友人等とのコミュニケーションが11.1分となっている。低年齢層の目的別利用時間の増加分はほぼ娯楽分野で、総利用時間の８割を占める。低年齢層はSNS等ソーシャル機能をあまり使わず、学校で導入された学習端末の影響も０歳～９歳という集団でみるとそれほど大きくないと考えられる。

　インターネットの利用内容についてみると、青少年全体では、「動画を見る」92.9％、「検索する」84.5％、「ゲームをする」83.0％、「音楽を聴く」75.1％、「勉強をする」72.1％、「投稿やメッセージ交換」69.6％、「ニュースをみる」51.9％、「地図を使う」45.1％などとなっている。これらの利用内容のうち、「投稿やメッセージ交換」以外は増加傾向にあり、2021年からは「撮影や製作、記録」35.9％、「マンガを読む」31.2％などの新しい利用目的も加わり、インターネット利用の活発化と多様化がうかがえる（図８‐１参照）。

　2010年代半ばからの変化をみると、投稿やメッセージ交換、音楽視聴、ゲームなどの利用は大きく変化していないのに対し、ニュース、検索、動画視聴、勉強などの利用が大きく増加している。

　インターネットを利用してニュースに接触する割合は、小学生32.4％、中学生55.9％、高校生65.5％といずれも増加しており、インターネットが子どもの重要な情報源であることがうかがえる。従来の「親、教師、友人など対面的関係のある他者」「テレビ・ラジオ・新聞などマスメディア」といった情報源に加え、「ニュースサイトやSNSなど」インターネット上の情報源が子どもたちに与える影響は高まっている。直接交流のある大人や友人もまたインターネッ

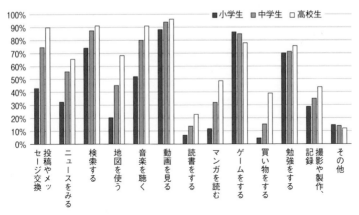

図8−1　青少年のインターネット利用の内容（内閣府，2022より作成）

トの情報に接触する機会が増えているため、子どもたちは直接的・間接的にインターネットの影響を受けることになる。ネット上のニュースはYahoo! ニュースのようなポータルサイト上に整理されたものや、ニュースアプリで読むものが多い。これらは新聞や雑誌のような旧来のメディアと違って、ネット上に発信された外部のニュースを収集・分類する「キュレーションメディア（curation media）」と呼ばれている。情報の形式や内容、立場表明や信憑性などの点で、従来のメディアが作り上げたような明確な基準をもたない記事も多い。

　また、記事を単独で提供するのではなく、SNSを通じて拡散することを前提に作られた記事も少なくない。これらの記事はテキスト、画像、動画など多様な形式を取り、サイトやアプリから各種SNSに読者や視聴者が簡単に発信することができる仕組みと結びついている。このような情報の流れは「バイラル・マーケティング（viral marketing）」と呼ばれる手法と結びついており、ニュースとSNSの相互依存の一形態だとも考えられる。

　インターネットが情報流通の主要な舞台となると、多くはデジタル情報となり、加工や生成技術の向上とともに、真実性が不安定になる。2016年アメリカ大統領選やイギリスのEU離脱（Brexit）を巡る世論形成に真偽不明のフェイクニュースが大きな影響を与えたとされ、オックスフォード英語辞典の「2016年

Word of the Year」に「ポスト真実（post-truth）」が選ばれた。日本でも、2016年の熊本地震、2022年の静岡水害など人々の不安が高まり、多量の情報が流通するタイミングでフェイクニュースが流通した。AIで作成したフェイク動画や画像をAIで真偽判定する時代に、子どもたちに「ニュースに飛びつくな」「確かめろ」というだけでは間に合わない。ファクトチェックの導入を促進し、情報リテラシーを育てるだけでなく、情報受容の背景にある価値観・認識・感情の相違や対立とどう向き合うかが大きな課題となるだろう。

（2）スマートフォンの普及と利用

　ニューメディアの特性を個人が活用できるようになったのは、2000年頃に普及が始まったフィーチャーフォンからだろう。それ以前の携帯電話に備わっていた通話やショートメール（SMS）機能に加え、カメラ、ゲーム、携帯端末向けWebコンテンツなど多機能化や高機能化が進んだ。日本独自の進化を遂げ、「ガラケー」という呼び名で親しまれたフィーチャーフォンは、タッチパネルで操作を行い、さまざまなWebコンテンツや端末独自のアプリケーションが利用できるスマートフォンに置き換わっていった。スマートフォンは2010年以降一気に普及が進み、2021年時点で世帯保有率が88.6％、個人保有率が74.3％と上昇を続けている（総務省，2021）。自分専用のスマートフォンを所有する割合は2018年の79.9％から2022年の89.5％に上昇した。学校段階別の専有率の変化（2018年-2022年）は、小学生が35.9％から64.0％、中学生が78.1％から91.0％、高校生が99.4％から96.9％となっており、スマートフォンは低年齢層に広がり続けている。

　インターネット利用している小学生・中学生・高校生の割合は98.5％であり、学校段階による差はほぼ見られない。子どもたちのインターネット利用は一般化したといえるだろう。利用される機器は、スマートフォンが73.4％、GIGA端末（学校から配付あるいは指定されたパソコンやタブレットなどの情報端末）が63.6％、ゲーム機が63.2％、テレビが56.0％、自宅用PC・タブレットが48.1％となっている（総務省，2022）。近年の特徴として、2021年から導入されたGIGAスクール構想により、GIGA端末の利用が進んでいる（表8-1）[(2)]。

2021年時点で青少年が自分専用のインターネット機器を利用している割合は、スマートフォンが小学生で64.0%、中学生で91.0%、高校生で98.9%と学校段階が上がるにつれ上昇する。スマートフォンは学習利用、動画視聴、SNS、ゲームといったニューメディアの多くの領域に対応する多機能な特徴を持つと同時に、ユーザーが情報とパーソナルにつながる情報端末として、現代の子どもたちに最も身近な存在である。

　「LINE」「X（旧Twitter）」「Instagram」「YouTube」「TikTok」など日本における代表的なSNSはスマートフォンを前提としたデザインを採用しており、スマートフォン普及の一因となっている。とくに動画投稿・共有アプリはスマートフォンの機能や通信環境の向上により、いつでもどこでも利用できるパーソナルなサービスとして広まっている。その他、スマートフォンに先行していた携帯機器で音楽を楽しむ文化も、無料動画やサブスクリプション（subscription）[3]の形でスマートフォンの主要な機能の一つとして受け継がれた。

　青少年のインターネット利用項目の最上位である動画視聴に使われるサービスとして日本でもっとも普及しているものに、認知率が９割、月１回以上の視聴利用率が６割を超えるYouTubeがあげられる（NTTドコモ モバイル社会研究所, 2022）。日本で本格的にYouTubeが進出したのは2007年だが、その10年後には子どもが憧れる職業に「YouTuber（動画配信者）」が登場する[4]。

　幅広い年齢に普及している動画視聴だが、若者の視聴には一定の傾向がみられる。YouTubeを含む動画視聴サービスに関する調査によると、「Z世代（おおよそ1990年代半ばから2010年代前半生まれの人々を指す）」の動画の視聴時間は2.9時

表8−1　青少年の機器ごとのインターネット利用状況（内閣府、2022より作成）[5]

調査年度	小学生			中学生			高校生		
	スマートフォン	自宅用PC・タブレット	GIGA端末	スマートフォン	自宅用PC・タブレット	GIGA端末	スマートフォン	自宅用PC・タブレット	GIGA端末
2018	45.9%	59.9%		70.6%	61.2%		97.5%	49.3%	
2019	49.7%	60.1%		75.2%	56.9%		97.1%	51.1%	
2020	53.1%	73.9%		79.3%	71.8%		98.0%	61.3%	
2021	53.4%	49.7%	50.0%	80.8%	46.0%	48.0%	98.7%	39.5%	25.5%
2022	59.5%	55.6%	70.2%	86.6%	46.0%	70.0%	97.3%	42.8%	50.4%

間、平均再生速度は1.5倍で、上の世代よりも長時間の視聴を標準より早い速度で再生していることがわかる（損保ジャパン，2022）。とくにスマートフォンでの視聴は再生速度が速くなる傾向があり、若い世代は長時間にわたり高速で大量の動画視聴を行っている（Watson, R., 2022）。

　また、短時間で視聴可能な「縦型ショート動画」と呼ばれる、数十秒から数分の動画で、スマートフォンの縦置き画面全体を一つの動画が占有する形式が若者に支持されている[5]。このタイプの動画アプリで青少年にもっとも普及しているのはTikTokで、小学校低学年男子の利用はLINEの20.7％に続いて11.0％と2番目に多い。小学校低学年女子ではTikTokが28.8％でもっとも利用されているSNSである。ほぼ全員がスマートフォンを所有する中学生以降は男女とも、コミュニケーションツールとしてのLINEの利用率がもっとも高いが、どの学年でも女子のTikTok利用率が男子を大きく上回っている（NTTドコモ モバイル社会研究所，2022）。

　SNSアプリはコミュニケーション、情報、娯楽と多様な機能をもつ。目的によってアプリを使い分けるのが利用の一般的な姿であろう。YoutubeやTikTokなど動画や音楽中心のSNSでは、ニューメディアの双方向性という特徴が十分に活用されておらず、動画視聴や情報収集のみというユーザーが多い。今後、縦型ショート動画のような投稿や発信のコストが低いサービスが広まることで、情報の送り手になる者が増えるかもしれない。

2．ネットワーク利用に潜む危険性

（1）出会い系サイトからコミュニティサイトへ

　パソコンや携帯電話の普及とともに、子どもがネットワークを通じたさまざまなトラブルに巻き込まれる事件が増加してきた。親や大人のチェックを受けることなく直接不特定多数の他者とつながることができるため、とくに携帯電話やスマートフォンが子どもにとってのリスクとなっている。

　1999年には「児童買春、児童ポルノに係る行為等の規制及び処罰並びに児童の保護等に関する法律」が施行され、2001年の「警察白書」では青少年を取り

巻く急激な情報化の進展と問題が指摘された（警視庁，2001）。2010年代以降のスマートフォン時代になってからは、犯罪被害者となる子どもの数は基本的に増加傾向が続き、2013年からは被害児童がSNSにアクセスした手段としてスマートフォンが急増している[6]。2022年度においてSNSに起因する事犯の被害児童の被害区分は、児童買春・児童ポルノが56.5％、青少年保護育成条例が33.8％、重要犯罪等（略取誘拐、強制性交、強制わいせつ等）が9.1％の順である（警察庁生活安全局人身安全少年課，2022）。スマートフォンの個人所有が一般化し、子どものSNSアプリ利用が増加したことで、それを利用した犯罪被害が増える結果となっている。とくに小学生がSNS関連犯罪の被害者となる割合は上昇傾向にある。

　インターネット上で子どもが巻き込まれる犯罪の温床として、匿名性が高い「出会い系サイト」の危険性が指摘され[7]、2003年に「インターネット異性紹介事業を利用して児童を誘引する行為の規制等に関する法律」が施行された。それ以降は、「非出会い系サイト」「コミュニティサイト」と呼ばれる、他者との出会いを直接の目的としないサイトでの犯罪が増加し、現在ではSNSアプリと関連する犯罪という括りで把握されている。

　コミュニケーション（LINE、Twitterなど）、画像投稿（Instagramなど）、動画投稿（YouTubeやTikTokなど）、チャットやグループ通話（Yay!など）といったさまざまなSNSが存在し、それらの機能も拡大や変化を続けている。多くのアプリは12歳から13歳といった年齢による使用制限や機能制限を設定し、アプリ内のコミュニケーションで不適切な交換や要求が発生しない工夫（たとえば、アプリ内の画像送信やアドレス交換のQRコードのチェックなど）を行っているが、SNS関連の被害者数の減少に結びついていない。

　現在、インターネットに起因する性犯罪の一形態として「オンライングルーミング（online grooming）」が問題となっている。「『性犯罪に関する刑事法検討会』取りまとめ報告書」（2021）では、地位・関係性を利用した犯罪類型として「『グルーミング』とは，手なずけの意味であり，具体的には，子供に接近して信頼を得て，その罪悪感や羞恥心を利用するなどして関係性をコントロールす

る行為」と定義し、性的な虐待目的でインターネット等で子どもと連絡を取る行為自体を処罰の対象とすることについての意見が出された。密室状態のチャットだけでなく、ゲームや動画配信など思いがけないところにグルーミングのリスクがあり、交換や贈与などソーシャル機能がもたらす負い目を利用するなど周囲に分かりにくい手口も多い。

（2）ネットいじめ

インターネットに関連するいじめが広く認知され始めたのはスマートフォン普及前の2000年代後半からである。文部科学省（2006）「児童生徒の問題行動等生徒指導上の諸問題に関する調査（旧名称）」には、「いじめの様態」として「パソコンや携帯電話等で、誹謗中傷や嫌なことをされる」という項目が登場する。いわゆる「ネットいじめ」という様態は2012年度以降急激に増加し、現在もその傾向は続いている[8]。認知件数では中学生がもっとも多いが、スマートフォンが低年齢に広まるにつれ、近年は小学生の増加が目立っている。また、発生件数は少なく見える高校生だが、ネットいじめは「冷やかし、からかい、悪口、脅し文句」の次に多いいじめ類型である。

「学校裏サイト」と呼ばれる学校の非公式ウェブサイトに関する調査（2008）では、中高生の認知率が33.0％、閲覧経験が23.3％（その内、書き込み経験が23.3％）であり、一定の広がりが確認された。匿名電子掲示板に特定学校や特定地域の学校情報を匿名で書き込む「スレッド型学校非公式サイト」の数がもっとも多く、誹謗・中傷（出現率50％）、わいせつ表現（同37％）、暴力的な表現（同27％）が見られた（文部科学省，2008）。

これ以降、インターネット環境を危険視する風潮は高まり、2009年には文部科学省通知で小中学校への携帯電話の持ち込みが禁止となり、高校では使用が制限された。2020年に新たに出された文部科学省通知では、小学校は原則禁止としながら緊急連絡等のやむをえない事情による申請があれば許可、中学校は原則禁止としながら、やむをえない事情に加え、生徒自身や保護者が主体的にルール作りに参加するなど持ち込みを認める範囲が広がった。この変化の背景には自然災害や事件・事故等に関わる安全配慮やスマートフォンの普及がある。

ただしこの段階でも、規則を定める大人側が子どものインターネット環境に不信感や恐れを抱いている様子がうかがえる（文部科学省調査研究協力者会議等，2020）。

2013年に施行された「いじめ防止対策推進法」第2条（定義）には、いじめが「インターネットを通じて行われるものを含む」とされ、第19条（インターネットを通じて行われるいじめに対する対策の推進）として、学校設置者と学校による啓発活動、国及び地方公共団体の関係機関・団体による支援と体制整備、法務局・地方法務局による情報削除と発信者情報の開示請求への協力などが定められた。

ネットいじめは、①誹謗・中傷・からかい・冷やかし、②コミュニティからの疎外、③個人情報の公開や拡散、④なりすまし、⑤脅迫・恐喝など、直接的な被害をもたらす行為以外のさまざまな様態をとる。元来ネットいじめには、学校や地域で発生する児童生徒を被害者とするいじめとは異なる特徴がある。一つは人間関係の範囲が不明確あるいは流動的な点である。現実の知り合いの関係がネットに持ち込まれるだけではなく、よく知らない間柄や一方的にしか知らない相手との間に発生することもある。時には互いに面識がない相手から一方的に根拠のない誹謗・中傷が行われることもある。いじめ防止対策推進法にある「一定の人間関係」にある相手からの行為という前提が、ネットいじめでは把握しにくいものとなる。ゲーム内のコミュニティメンバー、知り合いを前提に限定公開されたSNSのメンバー、文章や動画の投稿に関連したコメント投稿者など、1人の人間にはさまざまな距離、強度、範囲、時間によって結びついた人間関係が複数存在し、いじめ当事者にとってネットコミュニティの人間関係は不確かで、流動的である。

もう一つは匿名性である。現実におけるいじめでも、陰に隠れた誹謗・中傷は常套手段であるが、ネットいじめは自分の情報を完全に隠しながら相手に被害を与えることが可能となる。匿名性は加害者の行動を促進し、問題の発見と解決を遅らせる、その結果いじめ被害を拡大・深刻化させる要因となる。

さらに、即時的に情報が共有・拡散され、その情報がどこかに保存されると

いうデジタル情報の特性もネットいじめの特徴である。「デジタルタトゥー（digital tattoo）」と呼ばれる削除不可能な情報のあり方がいじめ被害を継続させるなどは典型例である。ネットいじめの誹謗・中傷は文章・画像・動画等の情報によって補強されるが、それらの情報は加工・捏造されることも多い。画像や動画等の製作・加工技術の向上により、虚実がないまぜとなった情報の流通がネットいじめを拡大させる。フェイク情報が特定被害者にとどまらず、属性・集団・文化への攻撃と結びつくと、「ヘイトクライム（hate crime: 憎悪犯罪)」の様相を呈する。

　ネットいじめ対策はSNSアプリを中心に拡大しているため、インターネット事業者による安全対策（年齢制限、機能制限を行うフィルタリングなど）が前提となる。学校ではネットマナーやトラブルに関する情報教育、家庭ではインターネット利用のルール作りや親による積極的な規制（ペアレンタルコントロール）などが中心となる。今後もGIGAスクール構想が学校や家庭で進展する中でネットいじめの増加傾向は続くと予想される。技術・法規制・教育の各領域において、より効果的な対策が求められている。

第3節　デジタルゲームと子ども

1．テレビゲームと子どものゲーム経験

　任天堂の「ファミリーコンピュータ」は、コンシューマーゲームと呼ばれる家庭向けゲーム機として1983年に登場した。1970年代からゲームセンターや店舗内で稼働していたアーケードゲームが家庭でも遊べ、14,800円という低価格であったため翌年には販売台数が100万台を越えるヒット商品となった。テレビを出力装置として利用する家庭用ゲーム「テレビゲーム」というジャンルを日本で確立したのはファミコンだといえる。

　1980年代後半からは「メガドライブ（セガ，1988)」「スーパーファミコン（任天堂，1990)」などの第2世代ゲーム機が、1990年代前半には第3世代の「セガサターン（セガ，1994)」「PlayStation（ソニー，1994)」「NINTENDO64（任天堂，

1996)」が、2000年代になると第4世代の「PlayStation 2（ソニー，2000）」「ゲームキューブ（任天堂，2001）」等が相次いで発売された。大きな流れとしてはテレビゲーム普及の前半をファミコン・シリーズが、後半をPlayStationシリーズが牽引したといえる。

　処理・表示能力の向上、記録媒体の変化の変化はゲームソフトにも大きな変化をもたらし、テレビゲームと一括りにできないほど多様なゲーム経験を提供してきた。従来のアナログゲームと比べると、手続きの処理をコンピュータに任せることで簡略化し、複雑な内容をより低年齢から遊ぶことが可能となった。そして視覚・聴覚・触覚にわかりやすい結果を出力することで、想像を具体的な形にして他者と共有することになった。

　テレビゲームはゲームパッドのような入力装置を持ち、自分で操作することで画面に表示される結果が変わるという点で、従来のテレビや映画のような視聴覚娯楽とは一線を画している。デジタルデータを扱い利用者が参加できる点で誕生時からニューメディアであったといえるが、ゲーム機と利用者という形だけでなく、ゲーム機を介して多数の利用者がつながりインタラクティブにゲームが進行するという意味では、2000年代後半に登場した第5世代「PlayStation 3（ソニー，2006）」「Wii（任天堂，2006）」「Xbox360（マイクロソフト，2005）」でネットワーク機能の標準装備を待つ必要があった。

　その後、本格的なブロードバンド回線時代を背景に、「PlayStation 4（ソニー，2014）」「PlayStation 5（ソニー，2020）」といった据え置き型ゲーム機はグラフィックや処理速度の向上、コントローラーを通じた出入力の高性能化、他のユーザーとの連携を促進するネットワーク機能の向上など既存の機能の強化という方向で発展している。また「Nintendo Switch（任天堂，2017）」「Nintendo Switch Lite（任天堂，2019）」は携帯型と携帯型のハイブリッドゲーム機として普及している。PlayStation 4とNintendo Switch/Nintendo Switch Liteのユーザーを比較すると、前者は男性かつ大人中心に、後者は女性かつ子ども中心に遊ばれている傾向がある[9]。機種によって異なるが、SNSアプリへの投稿機能、他のユーザーと一緒に遊ぶオンライン機能、ゲームプレイの配信機能などソーシ

ャル機能が強化されている。また、「サブスクリプション」と呼ばれる月額や年額払いで一定範囲のゲームソフトやソーシャル機能が自由に使えるサービス（「PlayStation Plus」「Nintendo Switch Online」など）が普及し始めている。

2. デジタルゲームと人間関係

（1）ゲームは孤独な遊びか

テレビ画面に向かってひとりで遊ぶスタイルがゲームの典型的イメージであったため、家庭用ゲームが登場して間もない時期から大人たちはゲームが子どもの社会性の発達を阻害するのではないかと危惧してきた（斉藤，1986；深谷他，1986）。たしかにゲームにはひとりで遊ぶことが前提のソフトが少なくないし、据え置き型のゲーム機は室内遊びに限定される。しかし、日本の子どもたちの室内遊びの傾向が強まったのはゲームが登場するより前のことであり、遊び方についても必ずしも子どもを孤立させることにはつながらなかった。

それは日本の遊び文化としてのゲームが仲間内の社交に利用されたからである。たとえひとりで遊んだとしても、ゲームの情報や話題が学校などで流通する際に高い価値を持っていたからである。古くは「裏技」と呼ばれたゲームの秘密の解法は真偽が不明なまま、ある種の興奮を持って語られていた。仲間よりも早くクリアする、高い点数を出すだけでなく、情報を仲間内で共有することで集団の親密さを高めることにゲームが寄与していたのである[10]。

ウルトラマンや仮面ライダーのようなテレビ番組は子どもたちに強烈な思い出を残したが、同様に「ドラゴンクエスト・シリーズ」や「FINALFANTASY・シリーズ」のようなゲーム作品でもキャラクター・音楽・ゲーム経験が、郷愁とも呼ぶべき強い共感を呼び起こすのである。人気作品では関連作品が継続発売され、イベント開催やキャラクター商品などが開発されている。

据え置き型ゲーム機と並んで遊び文化に大きな影響を与えたのが携帯型ゲーム機である。初期には「ゲームボーイ（任天堂，1989）」が市場を牽引し、「ニンテンドー DS（任天堂，2004）」が据え置き機を圧倒するのが2000年代後期であった。その後は各社が新型機を投入し、一定の人気を保持しているが、スマート

フォンの普及と性能の向上によりゲームアプリと競合しているのが現状である。

　携帯型ゲームを戸外に持ち出し、そこで友達が集まってそれぞれゲームに興じている様子は、おとなたちにゲームは非社交的だというイメージを与える。実際は子どもたちが遊ぶ携帯ゲームにはマルチプレイ（多人数参加）のものも多く、ゲーム内でのコミュニティが形成されている場合もある。

　現在の子どもたちは自分専用のスマートフォン（87.9％）や自分専用の携帯ゲーム機（60.4％）を所有し、それを使ってデジタルゲームを楽しんでいる[11]。ゲームの影響や効果に関する意識調査によれば（コンピュータエンターテインメント協会, 2022 b）、ユーザー自身の肯定的なイメージのなかで、「ゲームを通じて家族・友人とコミュニケーションができる」が33.8％で第3位である。後述するように、現代のデジタルゲームはユーザー同士の結びつきを前提に、それを促進するソーシャル機能が強化されてきた。これらを考えると、1人1台の遊び方が必ずしも孤立した遊びを意味するとはいえないだろう。

（2）ソーシャルゲームの広がり

　2000年代にはいると携帯電話向けのSNS上でゲームが提供されるようになった。当初「ソーシャルゲーム（social game）」は、SNS上におけるブラウザでプレイ可能なオンラインゲームという意味で使われていた（徳岡, 2010, p.163）。「ブラウザゲーム（browser game）」はゲームを端末にダウンロードすることなく遊べる手軽なもので、SNS上でつながる他のユーザーと協力・競争を通じて遊ぶ点に従来の家庭用ゲーム機との違いがあった。その後、2010年以降にスマートフォンが普及するにつれ、ブラウザゲームより動作・表現などが向上し、常時ネットワークに接続する制約がないため多様なライフスタイルに対応する「ネイティブアプリ（native application）」のゲームが広まった。現在では、ネイティブアプリをスマートフォンやタブレットにダウンロードして遊ぶもののうち、とくに他のユーザーとの協力やコミュニケーションを前提に設計されたソーシャル機能を中心に据えたゲームをソーシャルゲームと呼ぶことが多い。

　スマートフォンで遊ぶゲームは一人遊びスタイルから、携帯型ゲーム機と比較されるが、短時間で手軽に遊べる、ゲームソフトの価格が安い、ソーシャル

機能を重視する点などが特徴的である。ソーシャルゲームはスマートフォンで
ユーザーの隙間時間を奪い合うような仕掛けが見られ、1回のプレイ時間は短
いが、くり返してゲーム画面をチェックするなどの反復を要求する。「スマホ
依存」の危険性が叫ばれる一方で、スマートフォンのゲームは依存を前提とす
る設計になっている。ゲームの目標はランキングやレベル、攻撃力のような数
値化された尺度、トロフィーやアバターや達成感のような質的な尺度の組み合
わせで構成される。部分的なスモールステップを組み合わせて、より大きな目
標を達成することで動機づけを生み出すが、それを短時間で手軽にする方法に
ゲーム内の課金を組み合わせることも多い（時短のための課金）。

　また、ゲームを有利にするアイテム等を課金によって提供するもののうち、
確率に基づく抽選を用いる通称「有料ガチャ」と呼ばれる方式によって、子ど
もを含むユーザーが高額の課金をくり返すなどのトラブルが社会問題となった。
ユーザーには課金のリスクの周知やスマートフォンの使用の管理などを呼びか
け、オンラインゲーム業界にはガイドラインの制定と順守を求める形で対応さ
れている[12]。子どもが遊んでいるソーシャルゲームのタイプを見ると、「ネイ
ティブアプリで基本無料とアイテム課金の組み合わせ」が圧倒的に多く、次に
「ネイティブアプリで完全無料」「ブラウザゲームで基本無料とアイテム課金の
組み合わせ」の順である。課金したことがある子こどもは3歳から14歳で男女
とも10％以上、15歳から19歳では男子37.8％、女子18.5％と増加する[13]。

　基本無料のソーシャルゲームは、アイテム等ゲーム内課金とバナー広告・動
画広告など広告収入によって成立している。パズルゲームや家庭用ゲームに近
い本格的なゲームはアイテム課金が中心で、カジュアルゲームと呼ばれるパズ
ルゲームのような短時間の暇つぶしに向くものは広告が中心となる。カジュア
ルゲームは広告との接触時間と商品への誘導が求められるため、広告視聴とゲ
ーム内通貨やアイテムが交換されるなど工夫がなされる。これらの広告はゲー
ムユーザーからすると邪魔な存在でしかないが、くり返し目にする特徴的な広
告はユーザー間の共通体験となる。昔の子どもたちがテレビのCMを真似、雑
誌の広告を話題にしたように、SNSでお馴染みのゲーム内広告が娯楽トピック

として流通することがある。

　ソーシャル機能はソーシャルゲームに限らず、オンライン接続を伴うゲーム全般に共通する特徴である。（1）他のユーザーとの協力、承認ボタン、ゲーム内コミュニティ形成などの「協同」（2）ランキング、レベル、バッジ、トロフィー、アバターなどの「競争」（3）ゲーム情報、SNS発信、ゲーム外コミュニティ形成など「情報とコミュニケーション」などに大別される。仲間の数や協力プレイ、ゲーム内コミュニティへの参加等の協同はゲーム進行に有利な結果をもたらす。一方で競争は個人間あるいはゲーム内コミュニティ間の優劣や勝敗を可視化する量的・質的な結果により、達成感や満足感を与える。協同と競争のバランスはさまざまだが、ソロプレイを好むユーザーにとってはソーシャル要素が負のインセンティブとなる。情報とコミュニケーションは、ゲームの外側で遊ぶ環境づくりを促進する。カジュアルゲーム以外はサービスが長期化するほど攻略や遊び方が複雑になり、かつての「ゲーム攻略本」に相当するデータベースや情報交換の機会が必要になる。ゲーム配信やレビュー動画の視聴やコメントに触れることがファンコミュニティ活動となり、それらがゲームビジネスを支えている[14]。

　今後もデジタルゲームの機能や表現の向上に伴い、新しい他者とのつながり方が生み出され、それがゲームの本質的要素として組み込まれるだろう。そしてゲームで遊ぶと同時にゲームを取り巻く外部に広がる遊び文化を楽しむ様式も多様化するだろう。その際、ソーシャル要素がゲームという世界の発展の基盤であると同時に、他者とのトラブル—他者からの言動による被害だけでなく、他者への同調へのストレスなど—を増加させるリスクにもなるのは、現実社会と個人の関係に似ているのかもしれない[15]。

■ 第4節　おわりに：ニューメディアのなかの子どもたち ■

仮想現実・拡張現実における社会化

ニューメディアの発達に伴い、子どもの社会化環境が人工的・仮想的にな

りつつあるという指摘がしばしばなされる。それは人間や自然との直接的接触の減少という現状認識に基づいている。しかし、古いメディアの時代から表現手段や技術の差はあれ、現在と似たコンテンツを子どもたちは消費してきた。

　たとえば「おもちゃ絵」や「双六」などの多色刷りの木版画は明治以降も駄菓子屋の玩具や雑誌の付録として子どもたちに親しまれていた。そこには教育的な意図をもつものから純粋な娯楽の対象まで、子どもたちの想像力を刺激する視覚的な表現にあふれていた。双六は完成度の高いアナログゲームであるし、おもちゃ絵に見られる物尽くしの博物学的編集はポケモンや妖怪ウォッチの図巻とよく似ている。

　江戸期には役者、妖怪、武将、おとぎ話の登場人物などが人気であったが、明治以降になると軍人、スポーツ選手、相撲取り、映画俳優へと移り変わり、やがてテレビやマンガの人気者がキャラクターとして親しまれるようになった。これらのキャラクターはその時代に流行したメディアに載せて子どもたちのもとに届けられた。

　土製から鉛製・紙製へと変化したメンコはキャラクターを媒介するメディアでもあった。映画・テレビ・マンガなどの視聴覚メディアはもちろん、ニューメディアのなかにも数多くのキャラクターが流通している。少なくとも近代以降、子どもたちにとってキャラクターは子ども文化の重要な要素であり続けている。

　直接経験の乏しさが批判される一方で、ニューメディアの提供する仮想世界はリアリティを模倣するだけでなく、現実世界に別の枠組みを取り込む方向に進んでいる。「Ingress（Google, 2013）」というGoogleマップ上に仮想で存在するポイントを巡る陣取りゲームを開発したNiantic社は、後に任天堂のキャラクターである「ポケットモンスター」を活用したスマートフォン向けゲーム「ポケモンGO」を世界的にヒットさせた。これは「拡張現実（Augmented Reality）」と呼ばれる技術を用いておりARゲームとも呼ばれる。Googleマップとカメラを通して映し出される現実の映像とゲームのキャラクターがスマートフォン上で合成される。ポケットモンスターというゲーム世界の冒険を現実世界に持ち

出すことになり、日本でも大流行をみせた。今後もスマートフォンのAR機能の強化に伴い、より高度な表現やネットワークゲームのような連携が進むと考えられている。

「ゴーストレーダー（ソリッドアライアンス，2005）」はかなり早い時期に拡張現実に近いコンセプトを商品化したもので、特定の信号を端末に表示し、それを幽霊の存在と「見なす」ものである。これは一種の見立て遊びであり、机の下を秘密基地にし、音楽室をお化け屋敷にするのと同じである。

子どもの遊びとしての拡張現実はこのような見立てを強固にする世界設定やストーリー、キャラクター等を土台に、数値・アイコン・画像・動画による世界の可視化をサポートする。そして何より重要なのは、ひとりではなく、今この時点で世界中に多くの人々が同じ世界につながっており、互いに影響しあっているという感覚を提供する点にある。仲間同士のごっこ遊びが親密で対面的な関係を前提に支えられているとすれば、拡張現実はニューメディアに媒介される不特定多数とのつながりにより成立している。

「仮想現実（Virtual Reality）」は2021年ごろ「メタバース（metaverse）」という新サービスが流行語となる中で再び注目を集めた。サッカーのVAR（Video Assistant Referee）をテレビ中継でわかりやすく表示するものなど普及が進むARに比べ、閉鎖型ディスプレイのような特殊な装置を必要とするVR普及のハードルは高い。

2022年になると「生成AI（Generative AI）」の公開が進み、文章や画像などの情報を出力する人工知能プログラムの一般公開が広がり、日本でも画像生成の「NovelAI」や「Midjourney」、文章生成の「ChatGPT」などが注目された。なかには自然言語でのやりとりが可能なモデルもあり、今後子どもとの生活にも浸透していくだろう。2022年度の卒業式で祝辞や答辞をAIに書かせたニュースへの不安と期待の入り混じった反応は、われわれの社会が新技術受容のとば口にあることを示している（毎日新聞，2023; 富山県立大学，2023; NHK，2023）。

デジタルゲームの分野では、登場キャラクターに自律行動をとらせ、より大きなゲーム環境をランダムに生成・調整するなど以前からAIは活用されてきた。

SNS内で流通する情報から事故や災害、消費行動など必要な情報をリアルタイムで抽出・分析し、必要な対応と結びつけることも一般化している。今あらためてAIが注目される理由は、個人の意識外で調整される自動化や最適化ではなく、そのインタラクティブな仕様にあるのだろう。スマートフォンの音声アシスタントに仕事や学習成果を期待できるようなイメージだろうか。AIの倫理的問題、情報の安全性といった課題がソーシャルメディア全盛時代とどう関係するのか。これからの子どもたちに必要なものと避けるべきことは何なのか。子どもの社会化環境はこれまでにない情報化の圧力にさらされている。

（杉谷　修一）

【注】

（1）家族全員が同じ空間で同じテレビを視聴していた時代には、番組の選択や解釈枠組み（「素晴らしい行動だ」「つまらない番組だ」など）の統制・共有を行う余地があった。

（2）2020年以前の調査で別個に集計されていた「パソコン」と「タブレット」を合計して「自宅用PC・タブレット」にまとめた。また、「GIGA端末」は学校導入後の2021年以降から調査項目となった。総務省（2022）を参照。

（3）月額課金による定額制などで、特定のコンテンツを時間や回数の制限なく利用できるサービス。音楽・映像・ゲームなど多様なサービスが提供されている。

（4）学研教育総合研究所（2016）の「将来つきたい職業」の自由記述回答に登場。

（5）縦型ショート動画としては「TikTok」「YouTube Shorts」「Instagramリール」などがある。損保ジャパン（2022）参照。

（6）令和2年以降のデータは被害児童のアクセス手段は「スマートフォン」と「スマートフォン以外」に分類が変更されているが、96.8%がスマートフォン利用である。警察庁生活安全局人身安全・少年課（2022）参照。

（7）「出会い系サイト」に関連する被害は2001年以降急増した。警察庁（2003）参照。

（8）新型コロナウイルス感染症に伴う休校措置の影響で、2021年のいじめ認知件数は減少したが、ネットいじめは増加を続けている。

（9）ユーザー属性で見ると、PlayStation4は男性が78.3%、14歳以下が10.9%。Nintendo Switchは男性が55.0%、14歳以下が24.2%。Nintendo Switch Liteは男性43.7%、14歳以下が22.8%である。コンピュータエンターテインメント協会（2022）参照。

（10）実際に自分が遊ばないゲームの裏技に熱中する様子は、アーケードゲームを舞台にしたマンガ（すがやみつる，1980）などで確認できる。この作品の掲載誌『コロコロコミック』は1980年以降、何度もゲームの裏技・秘密技を付録や企画で特集している。

（11）小・中・高校生の自分専用スマートフォン所有率は内閣府（2021）参照。2021年度公表データでは携帯型ゲーム機と据え置き型ゲーム機が合算されたため、前年度データ（内閣府，

2020）を使った。

(12) 日本の最大手のゲーム団体は有料ガチャを「ランダム型アイテム提供方式」と定義し、全ての提供アイテムの出現割合を明示するガイドラインを定めた。コンピュータエンターテイメント協会（2016）参照。

(13) ゲームのタイプは高齢者で完全無料が増加するが、全年齢で大きくは変わらない。アイテム課金の経験は年齢や性別による差が大きい。コンピュータエンターテインメント協会（2022a）参照。

(14) ゲームを継続的プレイしている者でゲームプレイ動画を「よく見ている」「過去に見たことがある」割合は63.2％で、その内動画視聴の影響でゲームソフトを購入した経験がある者は36.4％に上る。コンピュータエンターテインメント協会（2022 a）参照。

(15) 若年層（15〜19歳）がオンラインゲームにおける「トラブルや困りごと（複数回答）」としてあげるのは「他のプレイヤーとの交流で不快な発言や嫌がらせをされた」（52.3％）、「他のプレイヤーから名前や連絡先など個人情報を聞かれた」（36.4％）、「他のプレイヤーとの関係でプレイから抜けられなかった」（31.8％）であり、ソーシャル要素と関連が深い。MUFG（2022）参照。

【引用・参考文献】

コンピュータエンターテインメント協会, 2016,「ネットワークゲームにおけるランダム型アイテム提供方式運営ガイドライン」

コンピュータエンターテインメント協会, 2002a,『2022CESA一般消費者調査報告書—日本ゲームユーザー＆非ゲームユーザー調査—』

コンピュータエンターテインメント協会, 2002b,『2022 CESAゲーム白書』

深谷昌志・深谷和子編, 1989,『ファミコン・シンドローム』同朋舎出版

藤田英典, 1991,「学校化・情報化と人間形成空間の変容—分節型社縁社会からクロスオーバー型趣味縁社会へ—」『現代社会学研究4』1-13

学研教育総合研究所, 2016,「小学生白書Web版2016年9月調査」

葉口英子, 2008,「昭和初期（1925-1937年）のラジオ番組『子供の時間』に見る音楽に関する考察」『静岡産業大学情報学部研究紀要』10, 79-96

Ito. M., et al., 2009, *Hanging Out, Messing Around, and Geeking Out: Kids Living and Learning with New Media*, The MIT Press

警察庁, 2001, 2003,『警察白書』

警察庁生活安全局人身安全・少年課, 2022,『令和4年における少年非行及び子供の性被害の状況』

毎日新聞, 2023,「名古屋大学長、チャットGPT祝辞披露『人間らしく』とエール」, 2023.3.28. https://mainichi.jp/articles/20230328/ k 00/00m/040/001000 c

文部科学省, 2008,『青少年が利用する学校非公式サイトに関する調査について（概要）』

文部科学省, 2006-2015,『児童生徒の問題行動等生徒指導上の諸問題に関する調査（旧名称）』

文部科学省, 2016-2021,『児童生徒の問題行動・不登校等生徒指導上の諸課題に関する調査』

文部科学省, 2009, 2020,『学校における携帯電話の取扱い等について（通知）』

文部科学省調査研究協力者会議等, 2020,「学校における携帯電話の取扱いに関する有識者会議（令和2年度）（第3回）議事要旨」

三菱UFJリサーチ＆コンサルティング，2022，「オンラインゲームの動向整理」

内閣府，2020-2021，『青少年のインターネット利用環境実態調査』

内閣府，2023，『令和4年度 青少年のインターネット利用環境実態調査（概要）』

NHK，2023，「琉球大学卒業式で大学院修了生がChatGPTで答辞」，2023.3.24
　　https://www3.nhk.or.jp/lnews/okinawa/20230324/5090022415.html

日本FP協会，2017，「2017年度 小学生の『将来なりたい職業』ランキングトップ10」

NTTドコモ モバイル社会研究所，2022，「データで読み解くモバイル利用トレンド2022-2023」NTT
　　出版

Oxford Languages, 2016, "Word of the Year 2016", Oxford University Press

Reid Watson, 2022, "Need for Speed:How YouTubers Watch video using playback speeds"
　　https://blog.youtube/inside-youtube/youtube-watch-video-playback-speeds-trends/

斎藤次郎，1986，「ファミコンに友だちは必要か『ファミコンの輪！』の意味するもの」『児童心理
　　学』，40（8）1153－1158

性犯罪に関する刑事法検討会，2021，「『性犯罪に関する刑事法検討会』取りまとめ報告書」

渋谷直角編，2009，『定本コロコロ爆伝!! 1977-2009「コロコロコミック」全史』飛鳥新社

損保ジャパン，2022，「『若者の動画視聴実態』に関する調査」

総務省，2000-2021，『通信利用動向調査』

総務省，2021，「インターネットトラブル事例集（2022年版）」

すがやみつる，1980，『ゲームセンターあらし』（第1巻）、小学館

徳岡正肇，2010，「ソーシャルゲームの歴史」デジタルゲームの教科書製作委員会『デジタルゲー
　　ムの教科書―知っておくべきゲーム業界最新トレンド―』ソフトバンククリエイティブ

富山県立大学，2023，「令和4年富山県立大学学位記授与式」

【ブックガイド】

●Jane, M., 2011, *Reality is Broken: Why Games Wakes Us Better and How They Can Change the World*, Penguin Press.（=2011，妹尾堅一郎監修，藤本徹・藤井清美訳）『幸せな未来は「ゲーム」が創る』早川書房：デジタルゲーム・デザイナーの著者が仮想空間であるゲームの魅力を語りながら、その中で発揮される認識や行動とそれを促進する仕組みが、現実社会の変革につながる可能性と実例を紹介している。

●ジョナサン・ストラーン編，2022，『創られた心：AIロボットSF傑作選』東京創元社：新しい技術は、それを使う人間に新しい生活や心のあり方を要求する。この道はユートピアに続くのかディストピアに続くのか。そもそも、この道はいつから始まっていたのか。未来を見つめていたはずが、いつの間にか過去を振り返りたくなる。

現代の子どもの
問題行動

Chapter 9 社会の変化と少年非行

第1節　社会規範と逸脱

　私たちの社会生活は、人と人との相互作用によって成り立っている。この人と人との相互作用は、言語や身振りといったシンボルを用いて、さまざまな意味を他者に呈示したり、他者から呈示された意味を解釈したりすることによって遂行されていく。そうした相互作用を通して、人々は意味を共有しながら、ともに行為するようになっていく。そして、そうした意味の共有が、一時的で狭い範囲に限定されることなく、持続的でより広い範囲においてなされるためには、その意味が制度化される必要がある（宝月，2004，p.33)[1]。社会規範（social norm）とは、そのように意味が制度化されたものであり、これにはフォーマルな法令規則もあれば、インフォーマルな慣習・慣行・道徳といったものもある。逸脱（deviance）とは、そうした社会規範から外れた行為を指しており、そのうち、フォーマルな法令規則から外れた行為が犯罪（crime）や非行（delinquency）である。

　これまでの章で見てきたように、社会化とは、個人（ソーシャライジー：社会化客体）が他者（ソーシャライザー：社会化主体）との相互作用を通して、その社会（ないし集団）において生活するために必要な知識・技術を身に付け、一定の許容範囲内の思考・行動様式を形成していくプロセスである。それは、個人の側からいえば、社会規範を内面化してその社会の成員性を獲得していく過程であり、社会の側からいえば、社会規範を伝達して個人をその社会に適合させていく統制過程だといえる。

　では、人々は、なぜ、どのようにして、社会規範から外れた犯罪や非行に走るのだろうか。そもそも社会規範の存在を知らなければ、あるいは内面化して

いなければ、容易にそこから外れた行為に至るであろうし、また、社会規範の存在を知り、内面化していたとしても、さまざまな要因によって積極的に、あるいはやむをえず、そこから外れた行為に至ることもあるだろう。実際、犯罪・非行といった逸脱の原因については、これまで多様な分野でさまざまな考え方・理論が展開されてきた。次節では、社会学的な理論を中心に、それらのいくつかを概観しよう[(2)]。

第2節　逸脱の原因論

1. 先駆的研究

　古くは、心霊論的説明にまで遡ることができる。逸脱は悪魔の仕業であって、悪魔が人間に取り憑いて行わせた所業であるという考え方である。この場合、犯罪の原因は、この世ではなくあの世に存在することになる。今日でも「魔が差す」という表現をすることがあるが、それはこうした心霊論的な説明の名残である。

　これに対して、逸脱の原因をこの世に求めたとされるのが、ベッカリアの快楽説である。これは刑罰をめぐる論議において主張されたものであるが、人には自由意思（合理主義的な快楽主義）があって、快楽の追求が犯罪を引き起こすのだとした。したがって、刑罰による苦痛は犯罪行為から得られる快楽を上回らなければならないのであり、そうすれば人は遵法的な行為を選択していくとした（Beccaria, C.B., 1764）。

　その後、ダーウィン（Darwin, C.）の進化論の登場を経たのち、逸脱の原因をめぐる科学的な調査研究への道を開いたとされるのが、ロンブローゾである。彼は、犯罪者たちにみられる身体的特徴に着目し、身体検査から得られたデータの分析結果に基づいて、犯罪者とは、隔世遺伝（先祖返り）や変質によって生物学的に退歩した者であり、ゆえに原始的な身体的特徴を有しているとした（Lombroso, C., 1876）。これは、生物学的な退歩（先天的な特質）が犯罪を引き起こすという考え方であり、生来性犯罪人説と呼ばれている。この説はのちにさま

ざまな批判を受けることになるが、ロンブローゾによって科学的な調査研究が
触発され、以後、さまざまな分野で展開されていくことになった。

🌿 2．さまざまな原因論 🌿

　以上、先駆的研究として取り上げた心霊論的説明、ベッカリアの快楽説、ロ
ンブローゾの生来性犯罪人説は、いわば行為者個人に焦点をあてた考え方・理
論であるといえる。しかしながら、既述の通り、われわれの社会生活は人と人
との相互作用で成り立っているのであり、この点を無視することはできない。

　人と人との相互作用に焦点をあてた代表的な理論として、まずは分化的接触
理論をあげることができる。サザランドは、犯罪行動は、身近な他者との直接
的な相互作用を通して学習されるとした。すなわち、地域社会は、遵法的な文
化をもつ集団と犯罪的な文化をもつ集団とに分化しており、そのうち、犯罪的
な文化をもつ集団と接触し、そこでの直接的な相互作用を通して、逸脱の遂行
に関わる技術や動機、衝動、合理化、態度等を学習すると、犯罪に走るとした
(Sutherland, E.H. & Cressey, D.R., 1960)。

　ゴットフレッドソンとハーシーの自己統制論も、行為者に焦点をあててはい
るものの、相互作用にも言及した理論である。自分の欲望を抑えることができ
ない性向を有する人、つまり、自己をコントロールする能力が低い人が犯罪に
走りやすいのであり、そうした低い自己統制は、訓練等によって形成されるも
のではなく、児童期初期の非効果的な育児、すなわち、社会化の欠如によって
生じるとした (Gottfredson, M.R. & Hirschi, T., 1990)。社会規範が内面化できていな
いと、そこから外れた行為に至りやすいというわけである。

　また、ベッカー等によるラベリング論は、相互作用といっても、逸脱者と統
制者との相互作用に着目した理論であり、予言の自己成就[3]による逸脱化の可
能性を指摘するものである。すなわち、統制者によるラベリング（逸脱者という
レッテルの貼り付け）やそれに基づく周囲の他者からの否定的な反作用によって、
逸脱者はそれに沿った自己イメージを形成して逸脱を継続したり、社会生活を
営むための合法的な手段をとりえずにやむなく逸脱に走ったりするとした

(Becker, H.S., 1963)。逸脱に対する統制が逸脱を生成するという視点は、きわめてユニークである[4]。

　他方、そうしたさまざまな相互作用をも包含する社会構造の観点から、逸脱を説明しようとする理論もある。ある特定の社会構造が逸脱を生みだすと考えるものであり、階層間・地域間における逸脱発生率の違いを説明するのに有意義である。これには、社会解体論、アノミー論、非行副次文化論などがある。

　社会解体とは、地域社会における人間関係が弱体化し、人々に対する統制力が欠如している状態を指す概念である。ショウとマッケイは、大都市シカゴの非行率マップを作成し、商工業地域およびその周辺において非行率が高いこと、そしてその状況が年数を経ても変化しないことを明らかにした。そして、そうした地域（非行地域）では従来の社会関係が崩壊（インフォーマルな統制が欠如）しており、その結果、犯罪・非行が発生しやすくなるとした（Shaw, C.R. & Mckay, H. D., 1942）。

　マートンのアノミー論は、文化的目標と制度的手段との乖離に伴う緊張状態から逸脱を説明しようとする。「アメリカン・ドリーム」という言葉があるように、アメリカでは経済的成功という文化的目標が広く万人に浸透しているが、その目標を達成するための制度的手段については必ずしもそうでない。下流階層の人々にあっては、そうした制度的手段（学習や進学の機会等々）へのアクセスが制限されており、ここに文化的目標と制度的手段との乖離が生まれ、そこから生じるアノミー（緊張状態）への適応様式のひとつとして逸脱が生じるとした（Merton, R.K., 1957）。

　コーエンの非行副次文化論も、逸脱発生の階層的な差異を説明しようとする理論である。学校では、もっぱら中流階層的な価値が広く浸透しているが、下流階層の社会化を受けてきた少年たちはそこで成功するための思考・行動様式を獲得しておらず、ゆえに不利な状況に置かれて低い地位しか得られない。そこで、中流階層的な価値に反抗し、自分の地位を高めることができる新しい価値構造を構築し（反動形成）、ギャング集団を形成するのだとした（Cohen, A.K., 1955）。

以上、逸脱の原因をめぐるさまざまな理論を概観してきたが、逸脱者といっても四六時中逸脱行為に従事しているわけではなく、ほとんどの時間は日常的な遵法的行為に従事しているというサイクスとマッツァの指摘も有意義である（Sykes, G.M. & Matza, D., 1957）[5]。また、コーエンとフェルソンが指摘するように、犯意ある行為者に加えて、適切なターゲット、監視者の不在という条件が、同一の時間・空間において揃わなければ、逸脱行為は発生しない可能性もある（Cohen, L.E. & Felson, M., 1979）。こうした機会論的な視点は、予防・抑止の観点からも非常に有意義である。

〜🌿〜 3. 社会的世界と逸脱 〜🌿〜

　ところで、いずれの理論も、それぞれの時代・社会の状況を背景に展開されたものであり、また、あらゆる種類の逸脱について説明できるというわけではない。そうしたなか、逸脱を包括的に一貫して説明できる一般理論の構築を目指した試みもある。宝月の「社会的世界論」はそうした試みのひとつである（宝月，2004）。逸脱行為の生成に関わる命題を中心に、ここに要約的に紹介しておく。

　社会的世界とは、人と人との相互作用によって構成される世界であり、そこでの意味の共有が制度化されることによって、多くの行為者たちが組織的に、大規模に、継続的にともに行為していくことが可能となる。ところが、社会的世界は常に制度に基づいて遂行されるとは限らず、制度から外れた行為も生じる。この制度から外れた行為が、逸脱である。そうした逸脱は、行為者が問題状況の解決やあらたな経験や安全を求めて行為する際に、ルール・法を無視することもやむをえない、可能である、たいしたことではないと「状況の定義」（Thomas, W.I. & Znaniecki, F., 訳書，1983）をする時に生じやすく、また、行為者への社会的コントロールの作用が弱いほど現実化されやすい。また、逸脱経験者が、その逸脱を肯定的に意味づけるようになり、社会的世界そのものが逸脱を行いやすいスタイルに編成されていくと、逸脱は継続されていく。もっとも、逸脱を伴う社会的世界もコントロールの介入によって解体・放棄を余儀なくさ

れる事態が起こるのであり、コントロールの介入を受けた逸脱者が逸脱的な生活を放棄し、あらたな生活をどこまで再構築できるかは、付与されたラベルの強さ及び利用可能な社会関係・資源による。なお、社会的世界はそのように逸脱に対してコントロールを行うが、そのコントロールしだいで、社会的世界は発展もすれば衰退もするのである。

第3節　社会の変化と少年非行

1. 少年非行の定義

　では、日本における少年非行について見てみよう。まずは、少年法における非行の定義を確認しておきたい。少年法とは、少年（20歳未満）の健全な育成を期し、非行のある少年に対して性格の矯正及び環境の調整に関する保護処分を行うこと等を目的とした法律である（少年法第1条及び第2条参照）。第3条には、家庭裁判所の審判に付する少年として、以下のように記されており、そこから非行の定義を確認することができる。

一　罪を犯した少年

二　十四歳に満たないで刑罰法令に触れる行為をした少年

三　次に掲げる事由があって、その性格又は環境に照らして、将来、罪を犯し、又は刑罰法令に触れる行為をする虞のある少年

イ　保護者の正当な監督に服しない性癖のあること

ロ　正当な理由がなく家庭に寄り附かないこと

ハ　犯罪性のある人若しくは不道徳な人と交際し、又はいかがわしい場所に出入すること

ニ　自己又は他人の徳性を害する行為をする性癖のあること

　少年法における非行には、犯罪行為、触法行為、虞犯行為の3つの行為が含まれている（法務省法務総合研究所，2010）。犯罪行為とは、14歳以上20歳未満の少年による刑罰法令に違反する行為であり、触法行為とは、14歳未満の少年による刑罰法令に触れる行為である。触法行為の規定は、「14歳に満たない者の

行為は、罰しない」という刑法41条の規定に基づいている。14歳未満の少年が刑罰法令の適用外となっているのは、刑法上責任能力がないものとみなされているからである。虞犯行為とは、18歳未満の少年による行為であり、その行為自体は犯罪行為・触法行為ではないが、性格や環境からみて将来に犯罪行為や触法行為をする虞があると認められる行状を指している。民法改正によって、2022年4月1日から成年年齢が20歳から18歳に引き下げられたが、少年法では、18歳及び19歳の者は、引き続きその適用対象である「少年」として位置づけられる一方で、「特定少年」としてその適用をめぐる特例が定められた（少年法第62条）。その一つが虞犯の規定を適用しないというものであり（少年法第65条）、したがって、虞犯行為は18歳未満の少年による行為を指すものとなった。

　以上のように年齢によって相違はあるものの、少年法第1条の規定からも明らかなように、非行少年に対する処遇は保護主義を基盤としている。それは、少年とは未だ成長・成熟・社会化の途上にある存在であり、教育的な処遇が必要であるとの少年観に基づくものである。たとえば、審判のために家庭裁判所が行う事件に関する調査は、非行事実のみならず、当該少年の生活史や社会環境などもその対象となっており（少年法第9条）、また少年院の目的は、少年の特性に応じた適切な矯正教育や健全育成を通して少年の改善更生及び円滑な社会復帰を図ることとされている（少年院法第1条）。

＊ 2．少年非行の動向 ＊

　さて、図9−1は、少年による刑法犯等の検挙人員・人口比の推移（昭和21年〜令和3年）を示したものである。少年非行は、3つの波を経て、今日では減少傾向にある。3つの波とは、昭和26年をピークとする第一の波（検挙人員16万6,433人）、昭和39年をピークとする第二の波（23万8,830人）、昭和58年をピークとする第三の波（31万7,438人）であり、平成期において一時的に増加するものの、全体としては減少傾向にあり、令和3年の検挙人員は戦後最少の2万9,802人となっている（法務省法務総合研究所, 2022, p.104）。第一の波は、終戦直後の社会的混乱や経済的窮乏を背景とした生活のための非行、第二の波は、急速な経

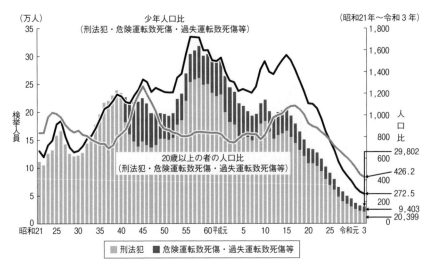

（注）触法少年の補導人員を含む。

図9−1　少年による刑法犯等の検挙人員・人口比の推移 （昭和21年〜令和3年）
（法務省法務総合研究所，2022，p.104）

済成長に伴う社会構造の変化を背景とした社会的葛藤による非行、第三の波は、価値観の多様化や規範意識の低下を背景とした非行といえるだろう（法務省法務総合研究所，1989）。

　年齢層別で見ると（図9−2）、この3つの波に対応しているのは年少少年（14歳以上16歳未満）であり、年長少年（18歳以上20歳未満）の比率は他と比較すると低いことがわかる[6]。また、男女別で見ると（図9−3）、少年非行の多くは男子によるものとなっている（令和3年刑法犯検挙人員：男子12,905人、女子2,444人）。さらに、罪種別で見ると（表9−1）、半数以上は窃盗（検挙人員10,869人：51.9%）であり、殺人（43人：0.2%）・強盗（238人：1.1%）・放火（58人：0.3%）は合計しても2%に満たない。

　なお、新型コロナウイルス感染症蔓延への対応で、令和2年3月2日から春季休業の開始日までの間、学校保健安全法第20条に基づく臨時休業が要請されたが[7]、同月は少年による刑法犯の検挙人員が増加しており、法務省は「学校

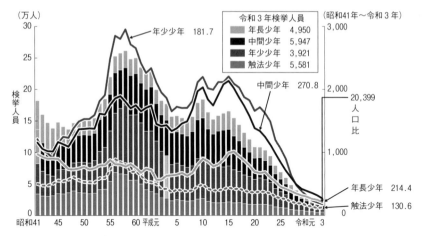

（注）1　警察庁の統計、警察庁交通局の資料及び総務省統計局の人口資料による。
　　　2　犯行時の年齢による。ただし、検挙時に20歳以上であった者を除く。
　　　3　検挙人員中の「触法少年」は、補導人員である。
　　　4　平成14年から26年は、危険運転致死傷を含む。
　　　5　「人口比」は、各年齢層の少年10万人当たりの刑法犯検挙（補導）人員である。なお、触法少年の人口比
　　　　算出に用いた人口は、10歳以上14歳未満の人口である。

図9－2　少年による刑法犯 検挙人員・人口比の推移（年齢層別）
（法務省法務総合研究所，2022，p.105，一部加工）

等における一斉臨時休業等によりかえって非行の機会が増えたなど、少年特有
の事情があった可能性も考えられる」としている（法務省法務総合研究所，2022，
p.309，339）。

　ところで、こうした統計的動向を見る場合には、①法の適用範囲、②暗数の
存在、③法執行機関の取り組み方などに留意する必要がある[8]。これら留意点
について、ここでは、先に紹介したラベリング論の視点から考えてみよう。ベ
ッカーは、「社会集団は、これを犯せば逸脱となるような規則をもうけ、それ
を特定の人々に適用し、彼らにアウトサイダーのレッテルを貼ることによって、
逸脱を生みだす」としたうえで（Becker,H.S.，訳書，1993，p.17）、表9－2のよう
な逸脱行動類型を提示した。ここには、2つの問題が含まれているといえる。
法の形成の問題と法の適用の問題である。法の形成とは、どのような行為を逸

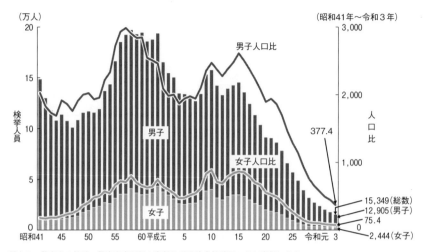

（注）1　警察庁の統計、警察庁交通局の資料及び総務省統計局の人口資料による。
　　　2　犯行時の年齢による。
　　　3　触法少年の補導人員を含まない。
　　　4　平成14年から26年は、危険運転致死傷を含む。
　　　5　「男子人口比」は、14歳以上の男子少年10万人当たりの、「女子人口比」は、14歳以上の女子少年10万人
　　　　　当たりの、それぞれ刑法犯検挙人員である。

図9−3　少年による刑法犯 検挙人員・人口比の推移（男女別）（法務省法務総合研究所，2022，p.107）

脱として法的に定義するのかという側面を指しているが、先の逸脱の定義に基
づけば、それは社会や時代によって異なってくることになる。昭和21年〜令和
３年に至るまでの間、さまざまに法の制定・改廃がなされてきたことはいうま
でもない。非行に含まれる行為が広範になれば検挙人員は増加し、縮小すれば
減少する可能性がある。すなわち、法の適用範囲が異なれば、検挙人員も異な
ってくることが考えられる。一方、法の適用とは、どのようにある人に対して
逸脱者というレッテルを貼り付けるのかという側面を指しているが、この点に
ついては、法的定義が機械的に適用されるわけではなく、多様なパターンがあ
りうることを指摘している。規則に違反した行動ではあるが逸脱とは認定され
ない「隠れた逸脱」は、いわゆる暗数を想起すればよいだろう。違反行為は発
生しているのだが、それに対して逸脱のレッテルが貼られずに、公式統計の数

表9−1　少年による刑法犯　検挙人員・少年比 (罪名別、男女別)
(法務省法務総合研究所, 2022, p.108)

罪　　名	総　　数		男　子	女　子		少年比
					女子比	
総数	20,930	(100.0)	17,296	3,634	17.4	11.6
殺人	43	(0.2)	32	11	25.6	5.1
強盗	238	(1.1)	221	17	7.1	16.3
放火	58	(0.3)	46	12	20.7	10.3
強制性交等	170	(0.8)	168	2	1.2	13.4
暴行	1,362	(6.5)	1,209	153	11.2	5.5
傷害	1,933	(9.2)	1,751	182	9.4	10.9
恐喝	326	(1.6)	282	44	13.5	25.9
窃盗	10,869	(51.9)	8,292	2,577	23.7	12.4
詐欺	1,028	(4.9)	859	169	16.4	9.9
横領	1,290	(6.2)	1,161	129	10.0	13.2
遺失物等横領	1,270	(6.1)	1,143	127	10.0	14.3
強制わいせつ	444	(2.1)	437	7	1.6	14.4
住居侵入	979	(4.7)	907	72	7.4	26.9
器物損壊	881	(4.2)	768	113	12.8	17.3
その他	1,309	(6.3)	1,163	146	11.2	9.9

(注) 1　警察庁の統計による。
　　 2　犯行時の年齢による。
　　 3　触法少年の補導人員を含む。
　　 4　「強制性交等」は、平成29年法律第72号による刑法改正前の強姦を含む。
　　 5　「遺失物等横領」は、横領の内数である。
　　 6　（　）内は、構成比である。

表9−2　逸脱行動の類型 (Becker, 訳書, 1993, p.31)

	順応的行動	規則違反行動
逸脱と認定された行動	誤って告発された行動	正真正銘の逸脱
逸脱と認定されない行動	同調行動	隠された逸脱

字としてはあがってこない数のことである。規則に沿った行動であるにもかか
わらず、逸脱と認定された「誤って告発された行動」は、冤罪を想起すればよ
い。こちらは公式統計にあがってくることとなる。いずれにせよ、検挙人員は
被害者からの訴えや法執行機関の取り組み方によって左右される可能性がある。

3．少年非行の社会的背景

　少年にとってもっとも重要な所属集団は、家族集団と学校集団であるといえる。というのも、第4章で見たように、家族集団も学校集団も選択可能な集団ではなく、拒否できない集団であり、また、少年たちは日常生活の大半をそこで過ごすからである。こうしたことから、少年非行の原因も、主として家族集団や学校集団との関連で検討されてきた。

　家族集団との関連でいえば、かつては生活困難層の家族や単親家族の子どもに非行が多く発生するとされてきた。たとえば、非行少年の保護者の生活程度を見ると、昭和30年でもっとも多かったのは「貧困」の59.5％であり、それに次いで「普通」が29.8％であった。ところが、平成7年になると、「貧困」は6.0％に、「普通」は89.8％となっている（法務省法務総合研究所, 1975, 1997）。また、非行少年の保護者の状況を見ると、「実父母」を除いた形態は、昭和30年では54.9％であったが、平成7年には30.1％となっている（法務省法務総合研究所, 1975, 1997）。そういうわけで、非行少年といっても経済的にも普通で両親が揃っている家族が多くなってきたことから、非行は中流化しているともいわれてきた。しかしながら、少年全体が中流化してきた社会にあって、非行少年が中流化してくるのはごく当然の話であるとして、岡邊は、こうした見方に対して異議を唱え、公式統計や非行少年に対する質問紙調査結果の分析を通して、依然として、家庭環境に恵まれない、あるいは低い社会階層[9]の少年たちの方が、そうでない少年たちよりも非行の世界へと参入しやすいことを明らかにしている（岡邊, 2013）。

　一方、学校との関連にあっては、受験体制に組み込まれた成績至上主義的風潮を背景とした落ちこぼれ問題等との関連で検討されてきた。たとえば、内閣府政策統括官による「第4回　非行原因に関する総合的研究調査」（平成22年3月）によると、クラスのなかでの成績について、一般少年では「ふつう」と答えた者の割合がもっとも高いが、非行少年では（小学生を除いて）「悪い方」と答えた者の割合がもっとも高い。また、成績が「悪い方」と答えた者の割合は、小学生から高校生までのどの属性においても、一般少年より非行少年の方が高

くなっている。非行少年のこうした学校生活の様子は、近年の作田の研究などにおいても示唆されており、少年院在院中の少年に対するアンケート調査の結果から、入院前に高校を中退している者あるいは進学していない者が多く、また学業に対する意欲が低い傾向が示されている（作田，2020）。

　もっとも、家庭集団や学校集団をめぐる諸条件と少年非行との関連を検討するにあたっては、その両者をつなぐ非行少年の主観的な意味づけをとらえることが重要である。たとえば、疎外の概念は、その際のひとつの有意義な視点を提供するものである。シーマンは、社会心理学的な視点（行為者の個人的な観点）から、疎外について五つの類型を創出した（Seeman, M., 訳書，1977）。無力（powerlessness：自分の行動が状況に対して何らの影響をも与えることができないという感覚）、無意味（meaninglessness：その状況における自分の行動の意味を見出すことができないという感覚）、無規範（normlessness：目的を達成するためには社会的に承認されていない行動をとらざるをえないという感覚）、孤立（social isolation：その社会に支配的な目的や規準に価値を見出すことができないという感覚）、自己疎隔（self-estrangement：自分の行動が自己報酬的でなく、理想とする自分自身から遠ざかっているという感覚）である。いずれも共通して本来の自分でなくなることや人間としての主体性を喪失していることからくる感覚を指しており、犯罪や非行といった逸脱とは、こうした疎外的状況や疎外感を克服するためのひとつの適応行為であるともいえる。

　ところで、今日では、第8章でも取り上げた各種パーソナル・メディアやSNS等と非行との関連も無視できないところである。この点に関しては、メディアを原因として考える「メディア決定論」的な見方がある一方で、そうした見方に異議を唱えるものもある。たとえば、伊藤は、そうしたメディアが現代社会全般に広く浸透しているなか，それが非行にも関わるのはごく自然なことであると指摘するとともに、メディアそれ自体が独自に非行を生み出すというよりも、それは、非行のツールとして用いられたり、非行集団の形成に関わったりといったように、潜在していた傾向性を促進したり加速したりするものとしてとらえるべきであるとの見方を提示している（伊藤，2015）。

　さて、同じく伊藤は、少年非行をめぐる今日的状況をふまえた上で、以下の

ように、福祉的支援に加えて教育的支援の必要性を指摘している（伊藤，2015）．すなわち，少年非行をめぐっては、「遊び型」、「キレる」、「いきなり型」、「不可解な」等々何かしらの「新しさ」を伴って語られる傾向にあるが、しかし、(先にも見たように)少年非行の大部分は従前から見られる伝統的な形で発生している。すなわち、多くの非行少年は、劣悪な家庭環境や経済的な困窮、学校不適応などといった伝統的な要因やそれらの重複を背景として非行に至っているのであり、家庭や学校，地域社会といった場で十分な社会化を受けていないがゆえに、社会生活に必要な知識や技術、習慣や態度などが身についておらず、疎外的状況あるいは疎外感に陥っており、その意味で「弱い」存在なのである。そういうわけで、伊藤は、生活の基盤を確保するという必要条件としての福祉的な支援はもちろんのこと、少年たちが社会規範を内面化し、そのうえで自律的に選択、決定していくことができる主体になるための教育的な支援こそが十分条件として求められるとしている。

　少年たちに対するわれわれの具体的な働きかけが、少年たちに対するわれわれのイメージ（観念）に規定されることをふまえれば（住田，2004）、われわれがそもそも少年たちをどのような存在と見なし，その上で目の前の具体的な少年たちをどのように認識し、それに対してどのような感情を抱き、どのように働きかけようと判断するのかは、きわめて重要な側面であるといえる。

（横山　卓）

【注】

（1）ストラウス（Strauss, A.L., 1993）の概念を継承して、宝月はこのような社会生活の遂行状況を「社会的世界」と呼んでおり、後述するように、逸脱に対する社会的コントロールについても言及している。

（2）逸脱の原因をめぐる考え方・理論については、すでに多くの文献で体系化・解説されている。本章でも、『少年非行学』（山口透，1984，東信堂）、『犯罪学―理論的考察（原書第3版）―』（ヴォルドG.B.，バーナードT.J.／平野龍一，岩井弘融監訳，1990，東京大学出版会）、『逸脱とコントロールの社会学―社会病理学を超えて―』（宝月誠，2004，有斐閣）、『逸脱研究入門―逸脱研究の理論と技法―』（宝月誠，森田洋司編著，2004，文化書房博文社）、『犯罪学―理論的背景と帰結（第5版）―』（リリーJ.R.，カレンF.T.，ボールR.A.／影山任佐監訳，2013，金剛出版）、『犯罪・非行の社会学―常識をとらえなおす視座―』（岡邊健編，2014，有斐閣）等々

を参照している。

（3）予言の自己成就とは、ある状況に対する意味付与（予言・予測）が、それに続く行為を規定することによって、結果、現実のものになることをいう（Merton, R. K., 訳書, pp.382-398）。

（4）ベッカーによる「逸脱経歴」の概念も有意義である（Becker, H. S., 訳書, 1993, pp.31-58）。従前の逸脱研究によくみられるのは「同時的モデル」といえるものであり、それはさまざまな要因が同時的に作用するという仮説に基づいている。しかしながら、実際には、あらゆる要因が同時に作用するということはありえない。そこで、逸脱現象をとらえるためには、それ（逸脱）が順序だって継起的に発達していくという事実を考慮したモデル、すなわち「継時的モデル」が求められる。継時的モデルでは、最初の逸脱が発生する段階、その逸脱が継続していく段階、その逸脱が常習化していく段階、あるいはそうした逸脱から離脱していく段階といったような段階・位相を見出し、その段階・位相をそれぞれに解明していく。というのも、ある段階において原因として作用するものが、別の段階では無視しうる場合もあるからである。さらに、そうした継時的モデルによって逸脱現象をとらえる場合には、「経歴（career）」という概念が有効であるとする。経歴とは、ひとつの地位から他の地位へと移動する一定の順序のことである。重要なのは、この概念が、それ（移動）を左右する社会構造などの客観的な状況要因のみならず、行為者が有するパースペクティブ・動機づけ・欲求といった主観的な要因をも含み込んでいる点にある。すなわち、逸脱経歴という概念は、逸脱行為の生成を、社会構造などの客観的な条件とそれらに対する行為者の主観的な意味づけを伴う諸段階・位相の移行過程（つまりは、社会的な形成過程）としてとらえようとするものである。こうした眼差しは、どの段階にどのような介入（働きかけ）が可能なのかといった検討を可能にするものであり、実践的意義を有するものである。なお、逸脱経歴の分析の具体的な展開例として、たとえば、宝月（1990）や仲野（2010）等の研究がある。

（5）彼らが提唱した中和の技術は、よく知られているところである。逸脱行為を行う際に自らの罪悪感を緩和すべく遵法的価値を中和し、逸脱行為を正当化するための技術を指す。これには、責任の回避（自分のせいではない等）、加害の否定（実質的な損害は与えていない等）、被害者の否定（もともとは被害者に落ち度がある等）、非難者への非難（私を非難するあなたは偽善者である等）、高度な忠誠への訴え（自己利益のためではなく仲間のためにやったのだ等）がある。

（6）この点については、たとえば、原田による指摘・分析がある（原田, 2004）。年長少年における一貫した低落傾向は、当該少年たちが安定した雇用機会によって社会に統合されていたこと等によること、また近年ではそうした状況も崩れ始めていることを指摘している。

（7）文部科学事務次官（令和2年2月28日）「新型コロナウイルス感染症対策のための小学校, 中学校, 高等学校及び特別支援学校等における一斉臨時休業について（通知）」を参照のこと。

（8）とはいえ、分析手法の工夫や慎重な解釈等によって公式統計からさまざまな有意義な知見を導き出している研究は数多く存在する（原田, 2004）。

（9）なお、社会階層と非行との関連を分析するにあたっては、社会階層の指標として非行少年の学歴が採用されている（岡邊, 2013, p.86）。

【引用・参考文献】

Becker, H. S., 1963, *Outsiders:studies in the sociology of Deviance*, Free Press（＝1993, 村上直之

訳『新装 アウトサイダーズ─ラベリング理論とは何か─』新泉社）

Beccaria,C.D., 1764, *Dei delitti e delle pene*, Coltellini（＝1959．風早八十二・五十嵐二葉訳『改版 犯罪と刑罰』岩波書店）

Cohen, A. K., 1955, *Delinquent Boys: The Culture of the Gang*, Free Press.

Cohen, L. E. & Felson, M. 1979, *Social Change and Crime Rate Trends: A Routine Activity Approach*, American Sociological Review, 44 (4), 588-608.

Gottfredson, M. R. & Hirschi, T., 1990, *A General Theory of Crime*, Stanford University Press.（＝ 1996, 大渕憲一訳『犯罪の一般理論─低自己統制シンドローム─』丸善出版）

原田豊, 2004,「第3章 官庁データを用いた研究」宝月誠・森田洋司編著『逸脱研究入門─逸脱 研究の理論と技法─』文化書房博文社, 66-114

宝月誠, 1990,『逸脱論の研究─レイベリング論から社会的相互作用論へ─』恒星社厚生閣（「第4 章 逸脱者のキャリア分析」pp.178-223）

宝月誠, 2004,『逸脱とコントロールの社会学─社会病理学を超えて─』有斐閣

法務省法務総合研究所, 1989『平成元年版犯罪白書』

法務省法務総合研究所, 2010『平成22年版犯罪白書』

法務省法務総合研究所, 2022,『令和4年版犯罪白書』

伊藤茂樹, 2015,「少年非行をめぐる社会的状況─子どもと大人の関係から─」『犯罪社会学研究』 40, 14-25

Lombroso,C., 1876, *L'Uomo delinquente: studiato in rapporto alla antropologia, alla medicina legale ed alle discipline carcerarie*, Hoepli

Merton, R. K., 1957, *Social Theory and Social Structure*, Free Press（＝1961, 森東吾・森好夫・ 金沢実・中島竜太郎共訳『社会理論と社会構造』みすず書房）

仲野由佳理, 2010,「『援助交際』体験者の逸脱キャリア」『教育社会学研究』第87号, 5-24

岡邊健, 2013,『現代日本の少年非行─その発生態様と関連要因に関する実証的研究─』現代人文 社

作田誠一郎, 2020,「非行少年の教師観と学校生活に関する実証的考察」『佛教大学社会学部論集』 第71号, 15-33

Seeman, M., 1959, *On the Meaning of Alienation*, American Sociological Review 24: 783-791（＝ 1977, 馬場明男・斎藤正二共訳『疎外の意味について─疎外の実証的研究─』大学教育社）

Shaw, C. R. & Mckay, H. D., 1942, *Juvenile Delinquency and Urban Areas*, University of Chicago Press.

Strauss, A.L., 1993, Continual Permutations of Action, Aldine

住田正樹, 2004,『現代日本の「子ども観」に関する実証的研究』（平成13年度～平成15年度科学研 究費補助金基盤研究（C）（2）研究成果報告書）

Sutherland, E. H. & Cressey D. R., 1960, *Principles of Criminology* (6th edition), J.B.Lippincott Company.（＝1964, 平野龍一・所一彦訳『刑事学原論Ⅰ─犯罪の原因─』『刑事学原論Ⅱ─犯罪 の対策─』有信堂）

Sykes, G. M. & Matza, D., 1957, *Techniques of Neutralization: A Theory of Delinquency*, American Sociological Review, 22(6), 664-670

Thomas, W. I. & Znaniecki, F., The Polish Peasant in Europe and America, five-volume edition,

University of Chicago Press（first two vol.）, 1918;Badger Press（last three vol.）, 1919-20; Two-volume edition. Knopf, 1927; Reprinted, Dover, 1958（＝1983，桜井厚抄訳『生活史の社会学―ヨーロッパとアメリカにおけるポーランド農民―』御茶の水書房）

【ブックガイド】
●宝月誠，2004，『逸脱とコントロールの社会学―社会病理学を超えて―』有斐閣：本文でも紹介しているとおり、逸脱とコントロールをめぐる先行理論を踏まえながら、独自の「社会的世界論」を展開した書である。最終章では、実証的研究を進めていく際の方法論についても取りあげられている。
●都島梨紗，2021，『非行からの「立ち直り」とは何か―少年院教育と非行経験者の語りから―』晃洋書房：少年院経験者17名に対する聞き取りによって得られた語りから、非行からの「立ち直り」が当事者たちにとってどのような意味を有するのかを検討し、それが自らの生活スタイルをコントロールする主体になっていくプロセスであることを見出している。

Chapter
10 社会問題化する児童虐待

　児童虐待は、もっとも深刻な子どもの人権侵害の1つである。それが非力でか弱い存在である子どもに対する、巨大な力をもつ大人側からの重大な人権侵害であることから、子どもの心身の健やかな成長・発達へ影響を及ぼすだけでなく、社会へ与える衝撃も大きく、そのため、近年、大きな社会問題として注目されるようになってきた。本章では、児童虐待が子どもに対する重大な人権侵害であり、決して許されないものであるという前提の上で、しかし、ただ闇雲に児童虐待撲滅を叫ぶのではなく、より有効な解決策を考えるために必要な基本的事項——そもそも「児童虐待」とはどういう事態を指し、その解決手段として何が選択されようとしているのか——について理解することとしたい。

■　第1節　児童虐待（child abuse）とは何か　■

1. 児童虐待の定義

　「児童虐待」という言葉は世間一般で用いられ、日常的に使われる用語だが、しかしその意味内容はあいまいである。たとえば、子どもの手の甲を平手で叩くことはしつけの一環として許されるのかあるいは虐待なのか、十分な食事を与えたくても与えることができない状況は児童虐待の問題であるのか経済的問題であるのかなど、その線引きはあいまいになりやすい。しかし、児童虐待への法的対応や児童相談所等による指導・支援に際して、また一般の人々がどのような状態であれば通報する義務が生じるのかを判断するためにも、何が虐待であって何がそれにあたらないのかを画定する必要がある。

　法的には、2000（平成12）年11月に施行された「児童虐待の防止等に関する

法律」（以下、児童虐待防止法）第2条において「児童虐待」は端的に定められており、児童相談所や市町村、学校、児童福祉施設、警察、司法、行政等ではそれらの定義が用いられている。すなわち、児童虐待とは、

①「児童の身体に外傷が生じ、又は生じるおそれのある暴行を加えること」（身体的虐待）

②「児童にわいせつな行為をすること又は児童をしてわいせつな行為をさせること」（性的虐待）

③「児童の心身の正常な発達を妨げるような著しい減食又は長時間の放置、保護者以外の同居人による前二号又は次号に掲げる行為と同様の行為の放置その他の保護者としての監護を著しく怠ること」（ネグレクト）

④「児童に対する著しい暴言又は著しく拒絶的な対応、児童が同居する家庭における配偶者に対する暴力その他の児童に著しい心理的外傷を与える言動を行うこと」（心理的虐待）

であり、保護者が18歳未満の児童に対して行うこれらの不適切な扱い（マルトリートメント：maltreatment）[1]の総称である。ただし、定義・その内容に関しては児童虐待防止法、児童福祉法、『子ども虐待対応の手引き』（厚生労働省）等で幾度かの加筆・修正がなされており[2]、また実際に児童虐待かどうかを判断するには、上記の定義をふまえながらも、その家族の状況や親子関係の様子等を考慮にいれる作業を必要とする。

2.「児童虐待」への関心

ところで、日本において児童虐待が解決すべき社会問題として認識され始めたのは1990年代以降である。それまでにも、現在わたしたちが「児童虐待」と呼ぶような現象がなかったわけではない。著しい保護の怠慢によって子どもを衰弱させるケースや、一時の激情に駆られて子どもをたたき殺すような事件など、新聞紙面から多くの事件をみることができる。すでに1933（昭和8）年に児童虐待防止法が制定され、14歳未満の子どもを保護・救済しようとされていたが、この時の児童虐待は現在のような保護者による不適切な養育を指すとい

うよりは、人身売買や長時間にわたる過酷な労働、見せ物として子どもを働かせることなどを禁ずる意味の方が大きかった。

　したがって、子どもに対する暴力や不適切な扱いは新しい問題ではないのだが、以前は、折檻、子殺し、遺棄、育児放棄などといった言葉で語られ、悲惨ではあるが、どこか特殊なケースとして人々に認識されていたのである。その後、1947（昭和22）年に児童福祉法が制定されることで戦前の児童虐待防止法は廃止される。

　児童虐待に関する研究蓄積の多いアメリカにおいては、1950年代から子どもに対する虐待が問題にされ始める。1955年にウーリーとエバンズ（Wooley, P. V. & Evans, W. A.）が児童の身体的虐待の痕をレントゲン写真によって発見できることを発表し、さらに1962年にヘンリー・ケンプ（Kempe, C. H.）らが「被虐待児症候群」（バタード・チャイルド・シンドローム：Batterd child Syndorome）に関する論文を『アメリカ医学誌』に発表した。このケンプらの研究では、①身体的虐待を加える親の特徴として、病院に連れ添ってきた親の説明と子どもの傷の臨床的知見が合致しないこと（つまり、親が子どもの怪我の原因について嘘をついていること）、②レントゲン写真を取り入れることで目には見えない子どもの怪我を発見することが可能となり、児童虐待は医学が発見でき得るものとして認識されるようになったことが示され、これ以降、児童虐待が社会問題化していったのである。

　一方、日本では、ケンプらの研究報告が1970年代になって入ってきたものの、一部の医者のあいだで注目されただけで1980年代までは児童虐待に関する問題意識はみられず、「日本ではなぜ児童虐待が起きないのか不思議である」と報告されていたほどであった[3]。しかしその間も、児童福祉の現場では、貧困や育児放棄によって不適切な養育状況に置かれている子どもや、親によるひどい暴力によって心身を傷つけられている子ども、性的対象として暴行を受ける子どもへの対応に常に迫られていたのである。

3．児童虐待の社会問題化

　こうした事態が変化するのは1990年代以降である。1989年に国連総会で「児童の権利に関する条約」が採択され、その第19条1に締約国は児童虐待から子どもを保護する措置をとる責務があることが明記される。日本でも、1990年に厚生（労働）省が児童相談所における児童虐待の相談処理件数（現在は相談対応件数）を集計・公表するようになり、徐々に世論が変化してきた。また、この頃から、マス・メディアを通して「児童虐待」という用語とその事例——生後数ヵ月の子どもを壁に叩きつけて頭蓋骨を骨折させた。乳幼児に食事を与えないで放置し、餓死させた。痣ができるほど殴る蹴るをくり返して新旧多くの骨折がレントゲンに映ったなど——が報道されるようになり、各地で民間のボランティア団体も結成されるにつれて、一般の人々の強い関心を集めるようになったのである。また、家族の孤立化を背景とする育児不安や育児ノイローゼが深刻化した状態として児童虐待をとらえる視点も提示されてきた。

　こうして、テレビや新聞等でくり返し特集が組まれるなかで、悲惨な事件ほど人々に強烈な印象を残しながら、児童虐待はやがてある一定のイメージで語られるようになってきた。すなわち、「『普通の親』であったはずの親が孤独な育児に追い込まれた結果、子どもへの虐待を止められずに独り苦しんだり、未熟な親が子どもの心身へ暴力を加えることで、時には子どもを死に追いやることすらある。問題は親にあるものの、その親自身も子ども時代に同じような被害に遭っていることも多く、児童虐待は世代間再生産の問題でもあるので、その鎖を断ち切らなければならない。とくに、地域社会の脆弱化によって家族が孤立するなかで虐待は深刻化し、激増している。もはやどの家庭で起きても不思議ではないから、子どもを救うためには児童虐待の気配を感じたら躊躇せずに通告し、早期発見・早期対処されることが何よりも大事なのである」と。

　こうしたイメージは、どこか特殊な事例として考えられていた児童虐待を、もしかしたら身近で起こるかもしれない社会問題へと変えてきた。ある事象が社会問題化するためには、①その悪影響がわかりやすく、かつ広く社会的対応

を必要とする問題であると一般の人々に認識され、②その問題に解決可能性が認められることが要件となる。どんなに悲惨な事象であっても人々が知らなければ問題にはならないし、またどこで起きても不思議ではない（つまり自分の周囲でも起こりうる）という認識がなければ社会問題化しない。あるいは、まったく解決可能性が見出せない出来事についても、私たちは「どうにかしよう」「どうにかできる」など考えないので、その場合も社会問題化し難いのである。児童虐待はこれらの点をクリアしたことで広く社会問題として認識されるに至ったといえるだろう。

第2節　児童虐待の社会問題化とデータの注意点

1．統計資料からみる児童虐待の現状

　では次に、統計データから現在の児童虐待の輪郭について浮かび上がらせていくこととしよう。

　児童相談所に寄せられた児童虐待相談対応件数（図10-1）のうち、その対象となる児童の年齢は、2021年では、「3歳未満」(18.7%)、「3歳～学齢前」(25.3%)、「小学生」(34.2%)、「中学生」(14.5%)、「高校生・その他」(7.3%)であり、その約8割が小学生以下である。なかでも、死亡に至った子どもの年齢は

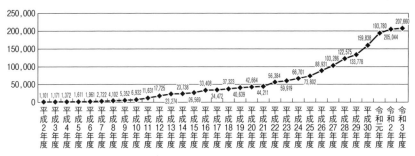

図10-1　児童相談所における児童虐待相談対応件数の推移
(厚生労働省子ども家庭局)

（注）平成22年度の件数は、東日本大震災の影響により、福島県を除いて集計した数値

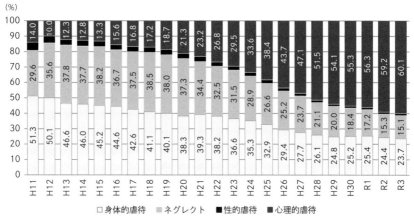

図10−2　児童相談所における虐待相談の内容別件数の推移
（厚生労働省　子ども家庭局資料より作成）

　０歳児が65.3%で乳児に集中しており、加害者は母親（59.2%）がもっとも多く、実母の抱える問題として「望まない妊娠・計画していない妊娠」があげられている[4]。相談・通告の経路をみると、約１割（「家族」８%、「児童本人」１%、「親戚」２%）が「相談」であり、残りが「警察」50%、「近隣知人」14%、「福祉事務所」７%、「学校」７%、あるいは匿名による「通告」となっている[5]。

　虐待のタイプ別相談件数は、統計を取り始めた平成２年から長年にわたり身体的虐待がもっとも多かったが（23.7%）、図10−2のように、近年では心理的虐待（60.1%）の割合が急増しており、ネグレクト（保護の怠慢・拒否、15.1%）も多く報告されるようになってきた。一方で、性的虐待（1.1%）の割合は低いが、件数自体は増えている。主たる虐待者は、実母が47.5%ともっとも多く、次いで実父が41.5%、そのほか（祖父母や叔父・叔母等）が5.2%、実父母以外の父親・母親が5.5%であり、この割合については近年大きな変化はみられない。

2．データを読む際の注意点

　ところで、児童虐待が広く社会問題として関心を集めるようになった１つの

重要なしかけが、マス・メディアでもっとも頻繁に引用される「児童相談所における児童虐待相談対応件数の推移」（図10-1）の視覚的効果である。この右肩上がりのグラフは、「2021年は統計を取り始めた1990年の188倍に増加し、一貫して増え続けている」といった説明とともにくり返し表示され、これによって「児童虐待は増加の一途にあり、今後も増え続ける恐れがある」といったイメージが喚起させられてきた。とくに、虐待による児童の死亡事件に代表されるような悲惨で目立つケースについて特集が組まれる傾向があるので、児童虐待は日本中で激増しており、しかもその深刻さは一刻の猶予もならないという印象をわれわれに与えてきたのである。

　しかし、この言説を考える際には、注意しなければならないことが少なくとも3点ある。

　まず第1に、これは「相談」対応件数の推移であって、児童虐待の実数ではないという点である。先述したように、日本では長らく児童虐待という用語は用いられておらず、子どもが死に至るようなひどい折檻や体罰、あるいは育児放棄は特殊な事件として認識されていた。しかし、「激増・深刻化する児童虐待」という言説が流通することで、たとえば、かつては元気な腕白坊主の証とみられていた子どものあざや傷が、「もしかしたら虐待を受けているのではないか」という疑いを私たちに抱かせるようになる。児童福祉法第25条および児童虐待防止法第6条において「虐待に関する通告義務」が国民に課されているが、それを知らずとも「虐待のおそれを感じたら、結果として勘違いでも責任は問われませんので連絡してください」という報道がくり返されるなかで、図10-1のように、年々、児童虐待の相談対応件数が増加してきたのだとも考えられる。

　第2に、児童虐待の定義が変化したことも考慮に入れる必要がある。児童虐待防止法施行（2000年）より以前は、児童虐待とは「打撲傷、あざ（内出血）、骨折、頭部外傷、刺傷、火傷、栄養不良、極端な不潔、怠慢ないし拒否による病気の発生、児童の不安・怯え、うつ状態、凍りつくような無感動や無反応、強い攻撃性、習慣異常、日常生活に支障をきたす精神症状」であると列記されて

あり、それらにあてはまらない事象は児童虐待の保護救済の対象ではなかった。しかし同法施行後は、具体的例記ではなくて4つのカテゴリーによってカウントされるようになり、それによって虐待とされる対象も拡大してきたのである。さらに2004年の同法改正によって、①保護者だけでなく同居人による虐待も含まれるようになり、②「虐待を受けた」から「虐待を受けたと思われる」子どもまで含むようになったなど、対象が拡大したこともデータを読む際に念頭に入れる必要があるだろう。

　これに関連して、第3に、相談件数は受理票の作成と同時にカウントされることが多く、最終的に虐待ではなかったと判断されても、その件数は取り消されないこともあげられる。通告義務が強まり、また結果として虐待でなかったとしても問題にされないのであれば、従来よりも相談件数が増加するのは自然なことであろう。昔から悲惨な事件はあり、1990年代以降急に残酷になったわけではないのだが、社会問題化することで虐待に対する意識が高まり、改めて虐待が「発見」されるようになってきた。しかし通常、こうした点は意識されることがないので、実態の注意深い検証を待たずに「虐待が深刻化・激増している」という言説が広まり、社会的現実としてわれわれをとらえるようになってきたのである。

第3節　「児童虐待」への対応の難しさ

　そもそも児童虐待は潜在的ケースを把握すること自体が非常に困難であるため、正確な数（あるいは推移）を把握することは難しい。たとえば、2019年以降、新型コロナウィルス禍のなかでは、感染回避を理由に家庭訪問や健康診断が拒否されるなど、子どものSOSや虐待の兆候に気づく機会が減少したといわれている。実際、図10-1をみると、この20年連続して急増していた児童虐待の相談対応件数は、新型コロナウィルス禍のなか、増え幅が抑えられていることがわかる。しかし冒頭でみたように、それが深刻な子どもの人権問題である点で、その解決を社会全体で図る必要があることは間違いないであろう。では現在、

どのような支援体制が求められているのだろうか。

児童虐待防止法（第4条）では、児童虐待への対応として「国及び地方公共団体は、児童虐待の予防及び早期発見、迅速かつ適切な児童虐待を受けた児童の保護及び自立の支援並びに児童虐待を行った保護者に対する親子の再統合の促進への配慮その他の児童虐待を受けた児童が良好な家庭的環境で生活するために必要な配慮をした適切な指導及び支援を行うため、関係省庁相互間その他関係機関及び民間団体の間の連携の強化、民間団体の支援、医療の提供体制の整備その他児童虐待の防止等のために必要な体制の整備に努めなければならない」ことが定められている。

つまり、①虐待の発生予防、早期発見・早期対応、被虐待児の保護・支援の3段階で対応しながら、②家庭から虐待的関係を取り除くことで親子関係の再統合を図ることを目標とし、③そのために関係機関が連携してあたることが必要であると考えられているのである。次に、それらの実施において課題となる諸点について見ておこう。

1. 原因論的アプローチとリスクアセスメント

児童虐待の問題は、それが子どもの心身に対する人権侵害である以上、不幸にして起きてしまった場合には速やかな対応・解決がのぞまれるが、その一方で、虐待の起きるしくみを解明できればあらたな虐待の未然防止に役立つという原因論的アプローチがとられてきた。

たとえば、虐待による死亡事例を分析・検証することで具体的な対応策の提言を行うことを目的として、2004（平成16）年に社会保障審議会児童部会の下に「児童虐待等要保護事例の検証に関する専門委員会」が設置され、統計的・事例的分析がなされてきた。その結果、児童虐待が発生する原因は、保護者や子ども等における身体的側面、精神的側面、社会的側面、経済的側面、近隣・親戚との関係等の要因が複合・連鎖的に絡みあって起こることが指摘された[6]。しかしこれは、同じような状況下にあっても虐待に至る親とそうではない親が存在することから、結局ケースバイケースであって、つまり、いつ誰がどうい

児童虐待防止対策の経緯		

児童福祉法による要保護児童対策として対応

平成12年 児童虐待の防止等に関する法律（児童虐待防止法）の成立（平成12年11月施行）
● 児童虐待の定義（身体的虐待、性的虐待、ネグレクト、心理的虐待）● 住民の通告義務　等

平成16年 児童虐待防止法・児童福祉法の改正（平成16年10月以降順次施行）
● 児童虐待の定義の見直し（同居人による虐待の放置等も対象）● 通告義務の範囲の拡大（虐待を受けたと思われる場合も対象）● 市町村の役割の明確化（相談対応を明確化し虐待通告先に追加）● 要保護児童対策地域協議会の法定化　等

平成19年 児童虐待防止法・児童福祉法の改正（平成20年4月施行）
● 児童の安全確認等のための立入調査等の強化 ● 保護者に対する面会・通信等の制限の強化 ● 保護者に対する指導に従わない場合の措置の明確化　等

平成20年 児童福祉法の改正（一部を除き平成21年4月施行）
● 乳児家庭全戸訪問事業、養育支援訪問事業等子育て支援事業の法定化及び努力義務化 ● 要保護児童対策地域協議会の機能強化 ● 里親制度の改正等家庭的養護の拡充　等

平成23年 児童福祉法の改正（一部を除き平成24年4月施行）
● 親権停止及び管理権喪失の審判等について、児童相談所長の請求権付与・施設長等が、児童の監護等に関し、必要な措置をとる場合には、親権者等はその措置を不当に妨げてはならないことを規定 ● 里親等委託中及び一時保護中の児童に親権者等がいない場合の児童相談所長の親権代行を規定

平成28年 児童福祉法・児童虐待防止法等の改正（一部を除き平成29年4月施行）
● 児童福祉法の理念の明確化 ● 母子健康包括支援センターの全国展開 ● 市町村及び児童相談所の体制の強化 ● 里親委託の推進　等

平成29年 児童福祉法・児童虐待防止法等の改正（平成30年4月施行）
● 虐待を受けている児童等の保護者に対する指導への司法関与 ● 家庭裁判所による一時保護の審査の導入 ● 接近禁止命令を行うことができる場合の拡大　等

令和元年 児童福祉法・児童虐待防止法等の改正（一部を除き令和2年4月施行）
● 体罰禁止の法定化 ● 児童相談所の体制強化 ● 設置促進・関係機関間の連携強化　等

図10-3　児童家庭福祉の動向と課題（厚生労働省子ども家庭局「2020年度児童相談所長研修」資料）

うきっかけで虐待を引き起こすかについてはわからないということと同じである。

　それを受けて、2009（平成21）年の児童福祉法の改正以降、「乳児家庭全戸訪問事業（こんにちは赤ちゃん事業）」が実施され、原則として、生後4ヵ月までの乳児のいるすべての家庭を保健師等が訪問し、子育て支援に関する情報提供や養育環境等の把握を行うようになった（図10-3参照）。どこで虐待が起きても不思議ではないのだから、すべての乳幼児を対象としてそのリスク管理を行政

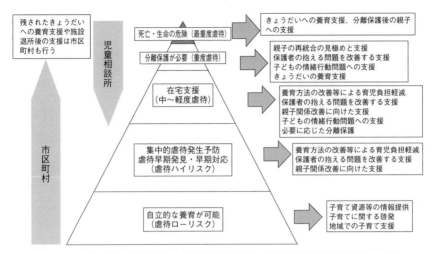

図10-4 虐待の重症度等と対応内容及び児童相談所と市区町村の役割 (厚生労働省，2013)

が行うこととなったのである。同様に、3～5ヵ月児検診、1歳6ヵ月児検診、3歳児検診の未受診家族も、統計的にみて受診家族に比べてリスクが高いので、家庭訪問等によって確認するなどのフォローアップが求められるようになってきた。

　このように、対象を一部に限定しないで全体へ拡大し、潜在的なリスクを抱えた人たちを支援対象として浮かび上がらせようとする方法をポピュレーション・アプローチという。この方法であれば、虐待まで進行する前段階——育児ストレスや産後うつ病、育児ノイローゼなど子育てに対して不安や孤立感を抱える状態——の支援を必要とする家庭を発見できるので、虐待発生前に対応できると考えられる。その場合、保健師や子育て経験のある年配者から専門的／具体的な指導・助言等が訪問によって施される「養育支援訪問事業」を展開することも可能である。

　このように蓋然性の点から「最低限把握する」べき虐待リスクのチェックリストが作られ（図10-4および章末資料を参照）、こうした事項にあてはまる度合いの高い家庭を「ハイリスク家庭」として虐待が起きる前に管理下に置こうと

する動きが強まっている。それは「虐待が起こる可能性が高いと考えられるリスクについての認識が関係者において不十分だったために、重大な結果が生じた事例が認められることから…速やかに子どもの安全確認を行い、リスクアセスメントを行うべきである」(『子ども虐待対応の手引き』, 2009, p. 264) という反省をもとに、アウトリーチ型の対応への転換を迫るものであった。また、その安全確認は、「児童相談所職員又は相談所が依頼した者により、子どもを直接目視することにより行うことを基本とし、(児童相談所に虐待通告がなされてから) 48時間以内とすることが望ましい」(「児童相談所運営指針」) として、保護者側の話を鵜呑みにしないことや「時間ルール」の設定が明確に示されるようになったのである。

🌿 2. 児童虐待問題への対応のジレンマ 🌿

　子どもの福祉という視点から考えた場合、先述した通り、家庭から虐待的関係の要素を取り除くことで親子関係の再統合が図られることが最良である。基本的に、児童虐待は、児童ではなく保護者が抱える問題——夫婦間不和、経済的困窮、医療的問題など——が複雑に絡みあって生じるのであり、そうした保護者の問題が軽減・解消されなければ子どもの問題も解決に向かわないのが実情である。だから、たとえば経済的困窮から起因する児童虐待の場合は、児童福祉や学校教職員がその家族を継続的に支えることは不可能であるため、生活支援や就労斡旋等を管轄とする機関へケースをつなぐなど機関同士の連携強化が重要となる。

　現在、日本では、妊娠から出産・子育て期までの切れ目ない支援によって児童虐待を防止しようとする制度が進められている。とくに、保育所・幼稚園の入所／園前の親子は所属する機関がないため、支援体制を地域内に多く設置する努力が望まれている。また一般に、支援を必要とする家庭ほど社会的支援・地域的支援のネットワークから滑り落ちていたり、あるいはそもそも参加しようとせず、経済的・人的資源も乏しい傾向がある。そこで、それぞれの家庭に必要な支援の提供が求められ、とくに、社会的資源を注入すべき家庭をフォロ

ーできる体制づくりが求められるのである。

　図10−4は、児童相談所と市町村がそれぞれ主として担当する案件や、リスクレベルに応じた対応方法についてまとめたものであるが、これ以外にも、市町村の体制強化、専門性向上のための研修やノウハウの共有、「要保護児童対策地域協議会（要対協，子どもを守る地域ネットワーク）」の機能強化も課題としてあげられる。あるいは、保護された子どもの教育・養育・自立支援に関しても、社会的養護の質・量の拡充や家族再統合、家族の養育機能の再生に向けた保護者支援の推進などの取組みが課題として残る。

　現在の児童虐待がどのように社会問題化してきたのかを知った上で、社会変動や育児文化の変化を射程に入れながら、今後、どのような解決策が適切で望まれるのかについて客観的・冷静に判断し、必要な対策が必要とされる家庭・子どもへ届けられるように進めることがますます求められるであろう。

（田中　理絵）

【注】
- （1）虐待abuseという用語よりも、より広義な状態を含む「不適切な関わり」を意味するマルトリートメントmaltreatmentという用語が使われることもある。
- （2）たとえば2013（平成25）年『子ども虐待対応の手引き』の改正では、身体的虐待に「叩く」行為が追加され、ネグレクトに「自宅に出入りする第三者が虐待行為をすることを放置すること」、心理的虐待に「子どものきょうだいに虐待行為を行う」ことが追加された。
- （3）上野・野村（2003）に詳しい。
- （4）社会保障審議会児童部会児童虐待等要保護事例の検証に関する専門委員会「子ども虐待による死亡事例等の検証結果等について」第1次報告から第18次報告の集計結果による。厚生労働省雇用均等・児童家庭局総務課（2022）より。
- （5）　通告経路のなかでも警察からの通告が急増している（2016年度では45％）。これは面前DVが心理的虐待に含まれるようになったことが主な背景にある。
- （6）2007（平成19）年に児童虐待防止法の改正が行われ、2008（平成20）年より、重大な子ども虐待事例については、調査および検証を行うことが、国及び地方公共団体の責務とされている。これに応じて、各地方公共団体では検証組織が設置されることとなった。

子ども虐待評価チェックリスト（確認できる事実及び疑われる事項）厚生労働省,『子ども虐待防止の手引き』

子どもの様子（安全の確認）	評価
不自然に子供が保護者に密着している	
子どもが保護者を怖がっている	
子どもの緊張が高い	
体重・身長が著しく年齢相応でない	
年齢不相応な性的な興味関心・言動がある	
年齢不相応な行儀のよさなど過度のしつけの影響がみられる	
子どもに無表情・凍りついた凝視が見られる	
子どもと保護者の視線がほとんど合わない	
子どもの言動が乱暴	
総合的な医学的診断による所見	

保護者の様子	評価
子どもが受けた外傷や状況と保護者の説明につじつまが合わない	
調査に対して著しく拒否的である	
保護者が「死にたい」「殺したい」「心中したい」などと言う	
保護者が子どもの養育に関して拒否的	
保護者が子どもの養育に関して無関心	
泣いてもあやさない	
絶え間なく子どもを叱る・罵る	
保護者が虐待を認めない	
保護者が環境を改善するつもりがない	
保護者がアルコール・薬物依存である	
保護者が精神的な問題で診断・治療を受けている	
保護者が医療的な援助に拒否的	
保護者が医療的な援助に無関心	
保護者に働く意思がない	

生活環境	評価
家庭内が著しく乱れている	
家庭内が著しく不衛生である	
不自然な転居歴がある	
家族・子どもの所在が分からなくなる	
過去に虐待歴がある	
家庭内の著しい不和・対立がある	
経済状態が著しく不安定	
子どもの状況をモニタリングする社会資源の可能性	

評価　3：強くあてはまる　2：あてはまる　1：ややあてはまる　0：あてはまらない

【引用・参考文献】

厚生労働省，2009，『子ども虐待対応の手引き』

厚生労働省，2013，『子ども虐待対応の手引き』（平成25年改正版）

Robin, E. C., Judith, F. C., and Christine, A., 2001, *The Encyclopedia of Child Abuse* (2nd), Facts on File（＝2002，門脇陽子・萩原重夫・森田由美訳『子ども虐待問題百科事典』明石書店）

社会保障審議会児童部会児童虐待等要保護事例の検証に関する専門委員会報告，2022，「子ども虐待による死亡事例等の検証結果等について（第18次報告）」

田中理絵，2015，「児童虐待は家庭の問題なのか」宮寺晃夫編著『受難の子ども―いじめ・体罰・虐待―』一藝社

上野加代子・野村知二，2003，『〈児童虐待〉の構築―捕獲される家族―』世界思想社

上野加代子編著，2006，『児童虐待のポリティクス―「こころ」の問題から「社会」の問題へ―』明石書店

山野良一，2006，「児童相談所のディレンマ」上野加代子編著『児童虐待のポリティクス―「こころ」の問題から「社会」の問題へ―』明石書店

【ブックガイド】

●上野加代子編著，2006，『児童虐待のポリティクス―「こころ」の問題から「社会」の問題へ―』明石書店：児童虐待は、個人病理や家族病理だけでなくむしろ貧困など社会的・経済的問題でもあることや、児童福祉の現場の視点から児童虐待がどのように社会問題化したのかなど記されているリアリティのある研究書である。

●森田ゆり（作），平野恵理子（絵），2019，『あなたが守る―あなたの心・あなたのからだ』童話館出版：子どもには「安心・自信・自由」の権利があり、それらを奪われそうになったらどうすればいいかを具体的な方法で説明。子どもへの暴力防止教育プログラムを子どもにもわかりやすく書かれている絵本。

Chapter 11 現代社会の不登校とひきこもり

第1節 不登校者数増加の社会的背景

文部科学省は、年度間に連続して30日以上欠席した児童生徒のうち、欠席理由が「不登校」に該当する者について調査している。なお、「不登校」とは、なんらかの心理的、情緒的、身体的、あるいは社会的要因・背景により、児童生徒が登校しない、あるいはしたくともできない状況にある（ただし、「病気」や「経済的な理由」による者は除く）ことをいう。

以上を踏まえ、不登校児童生徒数の推移をみてみたい（図11-1）。1991（平成3）年度から2001（平成13）年度にかけて不登校者数は急増しており、その後は若干減少しつつも2012（平成24）年度まで高止まりの状態が続いている。また、2013（平成25）年度以降、不登校者数は再び増加に転じ、2021（令和3）年度に

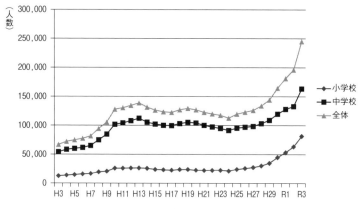

図11-1 不登校児童生徒数の推移

は過去最高を記録している（小学生81,498人、中学生163,442人、小中合計で244,940人）。2019（令和元）年度以降の不登校者数の急激な増加には、新型コロナウイルスの感染拡大とそれに伴う環境変化が大きな影響を及ぼしていることは想像に難くない。ただし、それ以前から不登校者数は増加傾向にあったことに鑑みれば、コロナ禍は、不登校者数増加の直接的な要因というよりはむしろ、不登校者数増加を促進した要因と考えた方が適切であろう。

　それではなぜ、不登校者数はこれほどまでに増加しているのであろうか。この点について示唆的であるのが、滝川（1996）である。滝川によれば、学校に行かない（行けない）子どもたちが増加したのは、今に始まったことではない。同様の現象は、過去にもみられた。ただし、その事由は現在とは異なる。昭和20年代の長欠率の著しい高さの背景には、敗戦後の疲弊混乱による生活困窮や保健環境の悪さがあった。その後、生活水準と保健環境の向上とともに、長欠率は急速に低下していく。

　しかし、昭和50年を境に、長欠率は急速に上昇した。その理由は、学校から聖性と絶対性が失われたことである。かつて学校は、豊かな近代社会への発展のための重要不可欠なシステムとして機能しており、個々人にとっては知識的ないしは階層的上昇を可能とするかけがえのない門戸として広く民衆の「夢」を担っていた。その結果、学校は聖性と絶対性を人々から与えられ、学校は理屈抜きで大切なところであると考えられるようになり、子どもたちが学校に行くことは自明のこととなった。

　ただし、現代では、近代的な文明が社会に広く行き渡り、高度な産業社会と個々人の豊かな日常生活が一般のものとなった。それに加え、大学に代表される高等教育の進学機会も大衆化した。その結果、学校の聖性や絶対性が成り立たなくなり、学校に行くことの自明性が低下し、不登校者数が急増した。以上が、滝川による説明である。

　このような説明が妥当であるならば、不登校について考えるにあたり、不登校児童生徒を過剰なまでに問題視し、彼らを治療や指導の対象とするだけでは不十分であるといえよう。不登校は決して、個人の病理的な特性や逸脱的特性

といった内的特性に還元できる問題ではなく、社会の変化やそれに伴う学校の機能不全と密接に関連しているからである。

第2節　子どもはなぜ学校に行くのか？

　不登校の子どもの数が依然として多いなか、多くの人は次のような疑問を投げかけるであろう。それは、"なぜ子どもは学校に行かないのか"という問いである。子どものなかで登校の自明性が低下しているにしても、大半の子どもたちは学校に行っているからである。

　しかし、不登校研究で知られる森田（1991）は、これとは正反対の問いから研究を行っている。その問いとは、"なぜ子どもは学校に行くのか"というものである。このような問いの背景にあるのは、子どもにおける登校回避感情の広がりである。表11-1は、大阪市立大学社会学研究室が中学生を対象に実施した調査の結果である。「学校に行くのが嫌になったことがあるか」という問いに対し、「よくある」「ときどきある」と回答した者の割合は25.4%であり、「たまにある」と回答した者を含めると7割を超えている。この結果に鑑みれば、"子どもの多くが登校回避感情を経験しているにもかかわらず、それでもなお彼らが学校に行くのはなぜなのか"ということを検討する必要があろう。

　森田によれば、子どもが学校に行くのは、子どもと学校社会とをつなぐ絆があるからである。以下では森田の理論を紹介するとともに、それをふまえた上で友人関係と不登校との関連について考えてみたい。

表11-1　「登校回避感情」の経験（森田，1991）

	学校に行くのが嫌になったことがあるか					計
	よくある	ときどきある	たまにある	まったくない	無答	
実数	604	903	2694	1654	79	5934
％	10.2	15.2	45.4	27.9	1.3	100.0

1. 不登校の社会学理論：子どもを学校へとつなぎとめる絆は何か

森田（1991）は、非行研究で知られるハーシ（Hirschi, T., 1969）の社会的絆の理論をもとに、子どもを学校へとつなぎとめる絆について検討している。そこで、まずはハーシの理論を簡単に紹介したい。ハーシの理論の特徴は、従来の逸脱研究が"なぜ人々は犯罪をするのか"という問いから出発していたのに対し、"なぜ人々は犯罪をしないのか"という正反対の問いから出発しているところにある。ハーシによれば、犯罪行動は社会との絆が弱まったり、切れた時に生じる。犯罪行動を抑制する社会との絆は、次の4つである。第1に、両親や友人といった他者に対する「愛着」である。他者に愛着を抱いている場合、犯罪を犯した際には愛着を抱いている者が悲しむだけではなく、彼らからの愛情を失う危険性がある。第2に、慣例的行動においてこれまで蓄積してきた投資の量（学歴や職歴など）を示す「コミットメント」である。蓄積してきた投資の量が多い場合、犯罪を犯した際にはそれらが無駄になる危険性がある。第3に、慣例的な活動に関係させられている程度を示す「インボルブメント」である。約束や期限、勤務時間、計画などに拘束されている場合、犯罪を犯す暇がない。第4に、社会的規則の道徳的妥当性を信じている程度を示す「信念」である。社会的規則を妥当だと強く信じている場合、犯罪行動は抑制される。

　以上をふまえ、森田は子どもを学校へとつなぎとめる絆として、次の4つをあげている。第1に「対人関係によるボンド」である。これはハーシの「愛着」に対応し、「両親、教師、友人など子どもにとって大切なキィ・パーソンに対して抱く愛情や尊敬の念、あるいは他者の利害への配慮などによって形成される対人関係上のつながり」（森田，1991，p. 241）を示す。第2に「手段的自己実現によるボンド」である。これはハーシの「コミットメント」に対応し、学校生活における学習活動をはじめとする活動や役割を将来の目標達成の手段として位置づけ、それらにどの程度関わっているのかを示す。第3に「コンサマトリーな自己実現によるボンド」である。これはハーシの「インボルブメント」に対応し、即自的な欲求充足を学校生活の諸活動からどの程度得ているのかを示す。第4に「規範的正当性への信念によるボンド」である。これはハー

シの「信念」に対応し、校則やきまり（登校時間や出席に関する規範など）を正当なものであるとする信念を示す。

　森田によれば、これらの学校社会とのつながりの糸が弱まったり切れた場合に、子どもは不登校となる。子どものなかで登校の自明性が薄らいでいくなか、学校はこれまで以上に子どもにとって意味や価値のある場となることが求められているといえよう。

2．友人関係と不登校

　森田は子どもを学校へとつなぎとめる絆として先の4つをあげているが、とりわけ重要な絆として「対人関係によるボンド」があげられよう。表11－2は、不登校生徒追跡調査の結果のうち、「あなたが最初に学校を休みはじめた直接のきっかけは何ですか」という問いに対する回答結果である。これをみると、「友人関係」をあげる者がもっとも多く、過半数を超えている。この結果より、不登校の子どもたちにとって友人との関係がこじれることがいかに負担であったかがうかがえる。

　友人関係が重要であることは、不登校の子どもに限ったことではない。

表11－2　不登校のきっかけ（現代教育研究会，2001）

	人数	比率
友人関係をめぐる問題	620	50.5
教師との関係をめぐる問題	290	23.6
学業の不振	385	31.4
クラブ活動、部活動の問題	230	18.7
学校のきまり等をめぐる問題	137	11.2
入学・転編入学・進級してなじめなかった	199	16.2
家庭生活環境の急激な変化	60	4.9
親子関係をめぐる問題	158	12.9
家庭内の不和	104	8.5
病気をしてから	184	15.0
その他	269	21.9

※表からは「特に思いあたることはない」と回答した者を除いている。

NHK放送文化研究所（2003）が中高生を対象に行った調査を見ると、"学校が楽しい"と回答した者の大半は、"学校で一番楽しいこと"として「友だちと話したり一緒に何かすること」をあげている。これらの結果は、友人との円滑な関係が子どもと学校とをつなぐ重要な絆であることを示唆している。

　しかし、近年の子どもにとって、友人と円滑な関係を取り結ぶことは決して容易なことではない。浅野（2006）は青少年を対象とした調査の結果をふまえ、近年の若者の友人関係の特徴として次の3つをあげている。第1に、友人関係の多チャンネル化である。これは、友人関係を取り結びあるいはそれを維持するための場が相対的に多様化していることを意味する。

　第2に、友人とのつきあい方が状況志向的になっている、ということである。これは、状況や関係に応じて相手とのつきあい方を使い分けることを意味する。このような状況志向は、友人関係の多チャンネル化と密接に関連している。友人関係の多チャンネル化によってもたらされた多様な友人関係を維持していくためには、それぞれの関係における前提や文脈をふまえ、複数の顔を使い分ける必要があるからである。

　第3に、繊細さである。多様な友人関係を維持していくためには、「今おかれている関係がどのようなものであるのか、そこで共有されている情報は何なのか、そこで前提となっている文脈はどのようなものであるのか等々といったこと」（浅野, 2006, p. 241）を慎重に見極めていく繊細さが求められる。このことは、青少年のあいだで場にふさわしくないとされる言動をした者に対し「KY（空気が読めない）」「地雷を踏んだ」という言い回しが用いられることからもうかがえる。

　このような特徴をもつ友人関係は、状況によって相手とのつきあい方を変えるある種の"器用さ"と他者に対する絶え間ない"気遣い"を強いるものであるため、対人関係を苦手とする子どもにとっては非常に大きな負担となるであろう。不登校の子どものなかには、このような友人関係に疲れ、友人とのコミュニケーションの場そのものから撤退するという選択肢を選んだ者も少なからずいると推察される。

その一方で、友人との絆が子どもを学校へとつなぎとめる重要な要素である
とするならば、子どもには何が必要とされるのであろうか。この問題に対し、
次節では「居場所」という概念を手がかりにして考えていきたい。

■　第3節　不登校の子どもに必要とされる支援　■

　表11－3は、不登校生徒追跡調査の結果のうち、「中学3年生の時に、どの
ようなことについて相談や手助けなどをしてくれるところがあれば良いと思い
ましたか」という問いに対する回答結果である。中学3年時のニーズを尋ねて
いるということもあり、進路に関連するニーズが高い。注目すべきは、「出会
いの場」や「心理相談」をあげる者がかなり多い、ということである。
　この結果は、不登校となった子どもの多くが、友人やカウンセラーといった
人々に今の自分を受け入れてもらいたい、という思いを強くもっていることを
示唆している。換言すれば、彼らは「居場所」を切望しているともいえるだろ
う。ここでいう「居場所」とは、「子ども自身がホッとして安心できる、心が
落ち着ける、そこに居る他者から受容され、肯定されていると実感できるよう
な空間」（住田，2003，p.5）のことを意味する。
　それでは、このような「居場所」は不登校の子どもにとってどのような意味
をもつのであろうか。以下では、「居場所づくり」の必要性について述べると

表11－3　中学3年時の支援に対するニーズ（現代教育研究会，2001）

	人数	比率	項目	分類
進路相談	341	37.0	進路相談	進路に関する相談を受けられるところ
学習相談	350	38.0	学習相談	学校の勉強を手助けしてくれるところ
技術指導	326	35.4	技術指導	技術や技能の習得を手助けしてくれるところ
出会いの場	402	43.6	出会いの場	友人と知り合えるところ
心理相談	464	50.4	心理相談	心の悩みについて相談を受けられるところ
生活習慣指導	84	9.1	生活習慣指導	規則正しい生活習慣を指導してくれるところ
その他	83	9.0	その他	その他

※表からは、ニーズが「特にない」と回答した者を除いている。

ともに、進学・就職支援の必要性についても述べることとしたい。

⚘ 1.「居場所づくり」の必要性 ⚘

　住田（2004）は、居場所の意義として次の2つを指摘している。第1に、セルフヘルプ・グループ（self-help group）として機能する、ということである。「居場所」のなかで、子どもは自分と同じような立場や境遇にある者と遭遇する。このことにより、子どもは自分ひとりで思い悩んでいた状態から解放されるとともに、周囲の評価を気にすることなく互いに語りあうことが可能となる。このような語りあいのなかで自分の語りが相手から共感をもって受容されたり、相手の語りに共感したりする経験を通じて、子どもは自己を再確認するとともに、これまで気づかなかった自己の側面を意識することもできるようになるのである。

　第2に、研究者・実践者にとって実践的介入の場として機能する、ということである。研究者・実践者と子どもとのあいだで共感的関係が築かれることにより、子どもは研究者・実践者に対して自分の胸の内を素直に語ることができるようになる。研究者・実践者は、このような子どもの語りや子どもたちを観察した結果に基づき、実践的介入のプログラムを計画するのである。

　これら2つの「居場所」の機能により、これまで否定的な自己イメージにとらわれていた子どもは、自己の否定的定義という呪縛から解放され、積極的な自己イメージを形成し、前に踏み出すことが可能となるのである。

　以上の住田の指摘の妥当性は、伊藤（2009）の研究結果からもうかがえる。伊藤は、不登校経験者を積極的に受け入れている2つの学校を対象としたフィールドワークをもとに、登校の継続を支える要因・実践を明らかにしている。その1つは、「痛み」を共有する生徒集団の存在である。以下は、ある卒業生の語りである。

　　「（中学校に比べて通いやすかった理由について、体調が悪くて遅刻した場合に）教
　　室に行けば自分の身の回りの友達がこう机を囲ってくれる、「どうしたの

今日は？」みたいな感じで理由を聞いてくれたりとかするところが。みんな痛みを知ってるから、こう来れなくならないようにしてくれる。」（伊藤, 2009, p. 217）

　伊藤はこのような語りをふまえ、過去に学校生活などで辛い思いをしてきた者が集まり、「痛み」を共有する生徒集団が形成されることによって、登校が促される可能性を指摘している。このような生徒集団は、まさに住田がいうところのセルフヘルプ・グループとして機能している、といえるであろう。
　もう1つは、教師の徹底的なサポートや、生徒間の関係に対する教師・学校側の介入である。教師は生徒の相談を受け入れるだけではなく、生徒に積極的に関わっていくなかで、生徒と良好な関係を結んでいた。また、教師は時に生徒間の関係に介入し、こじれた関係の修復を手助けすることにより、子どもの対人関係での困難の解決を支えていた。伊藤によれば、これらの実践も生徒の登校を促す上で重要な役割を果たしていた。このことは、教師が子どもとのあいだに共感的な関係を築くことにより、教師は子どもの内的世界を知ることが可能となり、「居場所」が実践的介入の場として機能することを示唆している。
　不登校の子どものなかには、対人関係に自信がもてないことなどから、否定的な自己イメージにとらわれ、一歩も前に踏み出すことのできない閉塞状況に陥っている者も少なくないであろう。このような子どもに「居場所」を提供することはきわめて重要である。「居場所」があることによって、子どもは自己受容や他者受容を経験することが可能となり、新しい自分を生きることが可能となるからである。

2. 進学・就職支援の重要性

　「居場所づくり」と合わせて必要となってくるのが、進学・就職支援である。この点について述べるにあたり、まずは不登校によってもたらされる不利益を確認しておきたい。
　第1にあげられるのは、進路選択上の不利益が生じる、ということである。

表11－4は、不登校生徒追跡調査の結果である。「中学校を卒業したとき希望どおりの進路に進むことができましたか」という問いに対し、「希望どおりだった」と回答した者は4割弱であり、6割以上の者が「希望とかけ離れていた」と回答している。

また、不登校生徒追跡調査では、"希望どおりの進路に進むことができなかった"と回答した者に対し、そのことに不登校であることが影響していると思うかどうかについても尋ねている。その結果が表11－5である。「まったく影響せず」と回答した者は14.3%にすぎず、かなりの者が不登校の影響を認めている。

第2に、社会的自立が妨げられる可能性がある、ということである。斉藤(1998)は、「二十代後半までに問題化し、六ヵ月以上、自宅にひきこもって社会参加をしない状態が持続しており、ほかの精神障害がその第一の原因とは考えにくいもの」(p. 25)を「社会的ひきこもり」と定義している。精神科医である斉藤は、みずからの臨床経験をふまえ、不登校がそのまま長期化して「社会的ひきこもり」に至る事例が圧倒的に多い、と述べている。

以上の結果は、不登校の子どもに対する進学・就職支援の重要性を端的に物語っている。こうした状況のなか、不登校経験者の受け皿としてあらたに着目されているのが、通信制高校である。これまでも不登校経験者の受け皿として

表11－4　中学卒業後の進路と希望した進路の相違
（現代教育研究会，2001）

分類	項目	人数	比率
希望とかけ離れていた	希望とは少しかけ離れていた	390	29.8
	希望とはかなりかけ離れていた	152	11.6
	希望とはまったくかけ離れていた	239	18.3
	無回答	6	0.5
希望どおり	希望どおりだった	521	39.8
有効回答者数		1308	100.0

表11－5　中学卒業後進路外への不登校の影響（現代教育研究会，2001）

項目	人数	比率
おおいに影響	381	49.0
ある程度影響	188	24.2
少しは影響	98	12.6
まったく影響せず	111	14.3
有効回答者数	778	100.0

機能している機関はあった。代表的なものとしては、適応指導教室やフリースクールなどがあげられよう。これらの機関の重要性は今も変わらないものの、近年では通信制高校の数や通信制高校に通う生徒の数は顕著に増加しており、通信制高校（とりわけ私立校）が不登校経験者にとっての有力な選択肢の一つとなっているのである（手島編　2018, pp.37-41）。

　しかしなぜ、通信制高校が不登校経験者の間で人気となっているのだろうか。この点について考えるにあたり、サポート校の存在を抜きにすることはできない。サポート校とは、「通信制高校に在籍する生徒に対して、三年間での卒業及びその後の進路実現を達成させるため、校舎・施設への日々の『登校』を伴いながら、学習支援及び卒業後の進路支援を行う教育施設のこと」（手島編 2018, p.126）である。通信教育を受けた経験がある人であれば想像ができるかもしれないが、通信教育を続けるためには、学ぶ側にかなりの自制心が求められる。途中で投げ出してしまう人も決して少なくないであろう。その一方で、学びをさまざまな形で支援してくれる人がいたらどうだろうか。通信教育を継続できる人は、飛躍的に増加するだろう。サポート校は、まさにそのような役割を果たしているのである。

　なお、サポート校は正規の学校（一条校）ではないため、高校卒業資格を付与することはできない。そのため、通信制高校（主には私立校）と連携して教育活動を行うことが前提となる。つまり、サポート校に在籍して高校卒業資格を得ようとする場合、サポート校のみならず通信制高校にも在籍する必要があるのである。ただし、実際に授業を受けるなどの学校的な学びをする場所はサポート校であり、通信制高校に登校するのは主にスクーリング（面接指導）とテスト（試験）を受ける時に限定される。

　サポート校の最たる特徴は、子どもたちの多様なニーズに応えようとしている点にある。学習内容については、大学進学を目指すコースがあるのはもちろんのこと、美術やデザインについて学べるコースや、動物の飼育やトリミングについて学ぶコース、芸能活動を目指すコースもある。

　また、登校日数については、通常の高校と同じように週５日通うコースもあ

れば、毎日通うのが困難な子どものために週２日のみ通うコースもある。

　このような柔軟性をもつサポート校は、多少なりとも規律・訓練的な側面を有する通常の学校とは大きく異なるため、通常の学校に適応することが困難な子どもたち、とりわけ不登校経験のある子どもたちの「通学」への心理的障壁を軽減しているといえよう。

　しかしその一方で、通信制高校・サポート校については課題も指摘されている。一つは、管理体制・教育活動の実態把握とその改善の必要性である（手島編，2018，pp.137-138）。サポート校は民間教育機関であるため、公的な機関とは異なり、その管理体制や教育活動の全体像を把握することは難しい。こうした状況のなか、本来通信制高校で行うべき指導をサポート校で行っていた事例や、編入資格のない生徒を編入させた事例など、不適切な事例が一部報告されている。

　また、多額の費用がかかる、ということも課題としてあげられよう。サポート校に在籍して高校卒業資格を得ようとした場合、通信制高校とサポート校の双方に学費を納める必要がある。通信制高校の学費については、高等学校等就学支援金を受けることにより減額される（世帯収入が910万円未満の場合）が、サポート校の学費については全額を支払う必要がある。学費はサポート校によって若干異なるが、それ以上にどの程度の日数通うのかによって大きく異なる。学びリンク（2015）によれば、１日通学コースの場合は28万円、２日通学コースの場合は39万円、３日通学コースの場合は54万8千円、５日通学コースの場合は78万5千円となっている（入学年度の学費であるため、いずれのコースについても入学金が含まれている）。このうち、通常の高校と同じように５日通学しようとするならば、通信制高校とあわせると１年間当たりの学費はかなりの金額となり、ある程度経済的にゆとりがある家庭でないと難しいことがうかがえる。

　そもそも不登校の本質的な問題は、子どもたちが学校に行かないことそのものではなく、子どもたちの学ぶ機会が損なわれてしまうところにあるのではないだろうか。それは、社会全体にとっても大きな損失である。このような前提に立てば、不登校経験者にとって必要な支援は、必ずしも在籍している学校へ

の復帰などではなく、学びの場を確保し、その上で社会的自立を促していくことにあるといえよう。今後は、経済的に厳しい状況にある子どもたちに対するサポート校の学費を公的に援助することも視野に入れ、子どもたちの学ぶ権利を保障するための方途を社会全体で検討していくことが求められよう。その際、サポート校の実態把握と改善を促す取り組みもあわせて行っていく必要があるだろう。

（久保田　真功）

【引用・参考文献】

浅野智彦，2006，「若者の現在」浅野智彦編『検証・若者の変貌―失われた10年の後に―』勁草書房，pp. 233-260

現代教育研究会，2001，『不登校に関する実態調査―平成5年度不登校生徒追跡調査報告書―』

Hirschi, T., 1969, *Cause of Delinquency*, University of California Press..

伊藤秀樹，2009，「不登校経験者への登校支援とその課題―チャレンジスクール，高等専修学校の事例から―」『教育社会学研究』第84集，pp. 207-226

学びリンク編集部編，2015，『通信制高校があるじゃん！―2015～2016版―』学びリンク株式会社

森田洋司，1991，『「不登校」現象の社会学』学文社

森田洋司編著，2003，『不登校―その後―不登校経験者が語る心理と行動の軌跡―』教育開発研究所

NHK放送文化研究所編，2003，『NHK　中学生・高校生の生活と意識調査―楽しい今と不確かな未来―』日本放送出版協会

斎藤環，1998，『社会的ひきこもり―終わらない思春期―』PHP研究所

住田正樹，2003，「子どもたちの『居場所』と対人的世界」住田正樹・南博文編『子どもたちの「居場所」と対人的世界の現在』九州大学出版会，pp. 3-17

住田正樹，2004，「子どもの居場所と臨床教育社会学」『教育社会学研究』第74集，pp. 93-109

高山龍太郎，2008，「不登校から『ひきこもり』へ」荻野達史他編『「ひきこもり」への社会学的アプローチ―メディア・当事者・支援活動―』ミネルヴァ書房，pp. 24-47

滝川一廣，1996，「脱学校の子どもたち」井上俊他編『こどもと教育の社会学』岩波書店，pp.39-56

手島純編，2018，『増補版　通信制高校のすべて―「いつでも、どこでも、だれでも」の学校―』彩流社

【ブックガイド】

●森田洋司編　2003『不登校――その後　不登校経験者が語る心理と行動の軌跡―』教育開発研究所：不登校研究で知られる森田の考えが端的にまとめられているとともに、不登校生徒追跡調査報告書等の不登校に関する重要な資料が添付のCD-ROMに収録されて

いる。

●荻野達史他編　2008『「ひきこもり」への社会学的アプローチ——メディア・当事者・支援活動——』ミネルヴァ書房：「ひきこもり」に関する論文集である。本書の特徴は、「ひきこもり」に対する社会のまなざしを問題視しているところにあり、ステレオタイプ的に「ひきこもり」を論じることの危険性を論じている。

＊＊執筆者紹介＊＊＊

住田　正樹（すみだ　まさき）（編者、第1・2（共同執筆）・第7章）

1974年　東京大学大学院教育学研究科博士課程退学

現　在　放送大学名誉教授、九州大学名誉教授、教育学博士

専　門　発達社会学、教育社会学（社会化論、青少年問題）

主　書　『子どもの仲間集団の研究』（九州大学出版会　1995）（第2版　2000）

『子ども社会学の現在──いじめ・問題行動・育児不安の構造』（九州大学出版会　2014）

『人間発達論』（左右社　2021）

高島　秀樹（たかしま　ひでき）（編者、第5・6章）

1979年　明星大学大学院人文学研究科博士課程単位取得退学

現　在　明星大学名誉教授

専　門　教育社会学（地域社会と教育、学校・教師）、教育調査論

主　著　『教育調査──教育の科学的認識をめざして』（明星大学出版部　1998）

『地域教育の創造と展開』（共著、放送大学教育振興会　2008）

『子どもの発達社会学──教育社会学入門』（共編著、北樹出版　2011）

藤井　美保（ふじい　みほ）（第2章（共同執筆））

1992年　九州大学大学院教育学研究科博士後期課程単位取得退学

現　在　熊本大学教育学部准教授

専　門　教育社会学（地域集団、教師、生涯学習）、地域社会学

主論文　『人間の発達と社会──教育社会学講義』（共編著、福村出版　1999）

「カリフォルニア州のコミュニティ・カレッジにおける親教育──グレンデール・コミュニティ・カレッジを中心に」熊本大学教育実践研究 28.（2011）

「英国における家族支援と親教育」熊本大学創立60年記念『生活・言語文化』国際交流研究会研究論文集 1.（2011）

田中　理絵（たなか　りえ）（第3・10章）

2000年　九州大学大学院教育学研究科博士課程修了

現　在　西南学院大学教授、博士（教育学）

専　門　発達社会学、教育社会学（社会化論、家族）

主　著　『家族崩壊と子どものスティグマ──家族崩壊後の子どもの社会化研究』（九州大学出版会　2004）（新装版　2009）

『人間発達論特論』（共編著 放送大学教育振興会　2015）

『現代の家庭教育』（編著 放送大学教育振興会　2018）

中田　周作（なかだ　しゅうさく）（第 4 章）

2001年　九州大学大学院人間環境学研究科博士後期課程単位取得退学

現　在　中国学園大学教授

専　門　教育社会学（子ども社会学）

主　著　「子ども社会研究における〈子ども〉理解の動向——大会報告と紀要掲載論文をもとに」（共著）『子ども社会研究』28.（2022）

「学童保育実践者の養成と研修」（分担執筆）『学童保育研究の課題と展望——日本学童保育学会設立10周年記念誌』（明誠書林、2021）

「放課後児童支援員の「見守る」とは何か？——フォーカス・グループ・インタビューの SCAT による分析」（共著）『中国学園紀要』19.（2020）

杉谷　修一（すぎたに　しゅういち）（第 8 章）

1993年　九州大学大学院教育学研究科博士課程単位取得退学

現　在　西南女学院大学准教授

専　門　教育社会学（子ども文化）

主　著　『子どもへの現代的視点——住田正樹教授九州大学退職記念論文集』（分担執筆、北樹出版　2006）

「明治後期の小学校における戦争遊戯の成立過程」『西南女学院大学紀要』15.（2011）

「小学生の遊びにみられる身体動作と発話」『西南女学院大学紀要』19.（2015）

「ゲーム経験の多様化に関する一考察」『西南女学院大学紀要』26,（2022）

横山　卓（よこやま　たかし）（第 9 章）

2003年　九州大学大学院人間環境学府博士後期課程発達・社会システム専攻教育学コース単位取得満期退学

現　在　高知大学教育学部准教授

専　門　教育社会学、地域社会と教育、青少年の逸脱行動

主　著　「実践的指導力の省察と教育実習調書の作成」『高知大学教育学部研究報告』83.（2023）

「新旧住民混在地域における自主防犯ボランティア団体の組織と活動——活動効果を軸とした団体代表者調査データの分析」『子ども社会研究』20.（2014）

「子どもの安全と地域防犯活動」住田正樹編『子どもと地域社会（子ども社会シリーズ 4 ）』学文社（2010）

久保田　真功（くぼた　まこと）（第11章）

2002年　広島大学大学院教育学研究科教育科学専攻博士課程後期単位取得退学

現　在　関西学院大学教職教育研究センター教授

専　門　教育社会学（いじめ、学力問題）

主　著　「少年の万引き行為を深化させる要因の検討――初めて補導された者と2回以上
　　　　補導された者との比較をもとに」共著『生徒指導学研究』12.（2013）

　　　　「なぜいじめはエスカレートするのか？――いじめ加害者の利益に着目して」『教
　　　　育社会学研究』92.（2013）

　　　　「保護者や子どもの問題行動の増加は教師バーンアウトにどのような影響を及ぼ
　　　　しているのか？」『日本教育経営学会紀要』55.（2013）

事 項 索 引

人 名 索 引

変動社会と子どもの発達──教育社会学入門［第 3 版］

2015年10月 5 日　初版第 1 刷発行
2016年11月15日　初版第 2 刷発行
2018年 4 月20日　改訂版第 1 刷発行
2021年 9 月30日　改訂版第 4 刷発行
2023年10月30日　第 3 版第 1 刷発行

編著者　　住　田　正　樹
　　　　　高　島　秀　樹

発行者　　木　村　慎　也

定価はカバーに表示　　印刷　恵友社／製本　川島製本

発行所　株式会社　北 樹 出 版

〒153-0061　東京都目黒区中目黒 1 - 2 - 6

電話（03）3715 - 1525（代表）　FAX（03）5720 - 1488